（典藏版）

晓梅说礼仪

张晓梅 著

XIAOMEI TALKING ABOUT ETIQUETTE

中国青年出版社

走向“上层”人士的一套隐形华服

（序）

坐在电脑旁的椅子上，思考着要给《晓梅说礼仪》最后写点什么。靠在宽大的椅背上，看着窗外流动的车群，还有路旁大楼施工零乱的工地，眼前便浮现出穿着现代衣装，说着现代话，开着现代汽车，住着现代洋房的现代都市人群。

我在想，现代人周身上下物件都现代化了，有品，高尚，不过还需要多一点有品和高尚的言行举止，就是现代礼仪。

为什么要说是现代礼仪呢？因为礼仪是有时代性的，那些陈腐的、过于旧式的礼仪与现代人格格不入。谁又是现代礼仪的制定者和发布者？其实没有。国际上至今还没有哪个机构制定或发布礼仪规则，规定手一定要这样握，桌子一定要这样摆等等。礼仪这种东西是传承和淘汰的，随着现代人生活方式的改变自然锤炼而成……

礼仪虽然没有特殊的机构制定和监管，不过却有出色的礼仪专家，他们收集整理社会中好的礼仪方式，不断地教育和传播，形成了人们约定俗成的礼仪规则。有意思的是，礼仪被自然地划分为国际性的，比如，西餐座位的排序，红酒杯一定要拿在杯腿；还有国家性的，比如，从何时开始，全中国人几乎都采用中餐上座是请客者，见面礼是握手而不再是鞠躬。礼仪还有区域性、宗教性，甚至团队性和家庭性等等。

神奇的是，礼仪这种东西既没有法规保障，也没有权力强制，却可以在相应的社会空间里广泛流传。左右这其中的是人的面子和尊严。越是社会上层人士，越需要礼仪，不过其中也有虚荣。

因此，礼仪的核心是给人舒适和尊重，桌位要有主次；介绍要有前后；穿衣要分场合；送礼要有讲究……让他人舒适被尊重，无疑显出了彼此的面子和尊严。

PREFACE

礼貌人人要有，礼仪却更多的是“上层”人士一套隐形的华服。“礼”是礼节，“仪”是仪式，要把礼节仪式化，最需求的是“上层”人士，“上层”是相对的，谁在一个社会越属于“上层”，谁就越需要礼仪。国际知名品牌比小品牌公司需求度高；欧美外企机构普遍比国内机构需求度高；大企业老板比员工需求度高；发达国家人士比落后贫困国家的人群需求度高，等等。

既然如此，你或你的单位，还有你的国家，如果要走向“上层”，就得学习和用好礼仪，这不需要什么特别的道理。

《晓梅说礼仪》最初是我的礼仪课程讲稿，广受欢迎后现在整理出书了，这里要特别感谢任煜、江浩、刘晓琴三位助手做的出色工作，还有《中国美容时尚报》其他同事的配合，还要感谢中国青年出版社的眼光和执着，是他们一次又一次的敦促和探讨，让这本书更加实用和成熟。

如我前面所讲，礼仪最重要的是要有适应性，我们太长一段时间礼仪是匮乏的。什么是目前国人普遍需求的和适用的才是最好的，一个好的礼仪专家并不是堆积大量的礼仪细则，这会让人厌倦而排斥。最恰当的做法是逐步引导民众，一步一步提升，让个人、团队、国家不断走向“上层”。

看着厚厚一沓即将出版的书稿，我想起很多年前，那是第一次有机会和一个很有涵养的外国人同进晚餐，是第一次会在入座时，有男人为你拉开和推进椅子，也是第一次有男士会在自助餐台帮你取出餐盘，随着你拿取食品，又彬彬有礼地送你回到桌前……

于是，我知道了，礼仪是舒心的、愉悦的、温暖的，礼仪不仅是一套高贵的华服，还是一件暖心的贴身衣服。

CONTENTS

目录

第一章 【社交礼仪】

SOCIAL ETIQUETTE

第二章【商务礼仪】

BUSINESS ETIQUETTE

CONTENTS
目录

第四章【生活礼仪】
DAILY ETIQUETTE

目录

CONTENTS

第五章【出国旅行礼仪】

TRAVELING ABROAD ETIQUETTE

CHAPTER

1

社交礼仪
第一章

SOCIAL ETIQUETTE

我记得有这样一句话："世界上任何美好的东西，在世界上任何一个角落都是可以吸引和打动人的。"你想做一个讨人喜欢的人吗？你想做一个被人接纳、富有魅力，甚至能够影响他人的人吗？那你必须要学会集纳好的东西。从好的事情做起，可能是品德，可能是善良，也可能是得体的服饰、洁净的气味、温暖的微笑，当然还有生活中的礼貌和礼仪。

假如你不是让人艳羡的美女，也不是潇洒的帅男，礼貌和礼节会给你更多的美好和帮助。有人说："女人没有性感，要有漂亮；没有漂亮，要有可爱；没有可爱，要有年轻；没有年轻，要有温柔……"这虽然有些调侃，却告诉我们一个道理：美好的东西是无限的，重要的是看你能不能变为自己的。

生活中我们常常会遇到这样的人，即便他长得不好看，也没有特别的才华，但假如他谦和有礼，便可能是我们最喜欢接近的人。

我总是听到不少人说，社交礼仪这个东西，太烦琐、太虚伪，不如随心所欲更有自我和独立的个性和风格。然而在现实世界中，每一个人都不是绝对独立的，每个人在社会中都需要与人交往。良好的交往是有形式和规则的，这些形式和规则让人与人的交往变得更加舒适和润滑。这些形式和规则就是社交礼仪。

一、仪表礼仪：做第一眼魅力达人

曾经看过一部电影，其中一段台词很有意思，一位作曲者和一位作词者探讨旋律与歌词孰轻孰重，最后得出的结论是：悦耳的旋律在第一时间吸引住人们的耳朵，之后出色的歌词打动人的心灵。其实，人们日常的社交生活也是如此，假使人如一首歌，那么睿智的思想、渊博的学识、雅致的谈吐、高尚的品性是蕴含于内的歌词，而如何将这歌词优美地表达出来呢？最直接有效的方式之一，就是出色的仪表言行。像旋律捕捉人耳一样，赏心悦目的仪表能获取人们的视线，激发他人与你交往的兴趣。

1. 仪容礼仪：首先是以貌取人

和他人交往接触，第一眼给人留下的礼仪印象来自于你的外表和举止，也就是仪容礼仪，包括你的仪表、着装、举止等。一个人的仪表不但可以体现个人的文化修养，也可以反映审美趣味。穿着得体，不仅能赢得他人的信赖，给人留下良好的印象，而且还能够提高与人交往的能力。我们首先应该牢记的是，不要仅仅为了某一天而刻意修饰自己，而是平时就要注意收拾自己的头发、面容、体形等等。因为好的仪表是一种习惯，一种贯穿在点滴行为中的修养。

你的容貌修饰了吗

头发

初次见面，对方最先注意的是你想不到的“头部和脚部”。无论穿着多么漂亮的衣服，但是头发乱蓬蓬的，鞋子也很脏，看起来也会给人邋遢的印象。

通常，职业人士应当以整齐、简单、明快、较少修饰的发型为主，平时要注意以下几点。

◎ 梳好、剪好和清理好头发，每天应洗发，如果有头皮屑应该尽快治疗处理。女性应该定期对头发做修剪和保养。

◎ 发型、发色应当简洁自然，不宜烫染过于夸张的发型、发色。女士的头发最好不挡住眼睛，出席正式商务活动最好将长发挽束。

◎ 头发上不宜佩戴过分花哨夸张的发饰品。

专家提示

怎样让头发顺畅自然？

正确洗发：先把少许洗发香波挤在手上，两手揉搓后均匀涂抹在头发上，用手指指腹轻柔地揉搓头皮及头发。重复两次后冲洗干净，取适量护发素由发梢处慢慢向内揉搓数分钟。

正确吹发：每周用热吹风机吹发不要超过 3 次，否则会使头发过于干燥，引起发梢分叉。

尽量少使用发蜡和发油，更要避免使用香味过于浓郁的头发定型产品。

面容

保持面部的清洁是日常最重要的工作，其中包括牙齿的清洁和口腔的清新。如果要出席比较重要的社交场合，之前不能食用蒜、葱、韭菜、腐乳等有强烈气味的食品。餐后应清洁口腔，如果有口气，可以使用漱口水或者口香糖等去除气味，保持口腔的整体清洁，但在他人面前嚼口香糖是不礼貌的，特别是与人交谈时，更不应嚼口香糖。

“面子”需要随时呵护：女性要注意如下面容礼仪。

面部保养

粗糙、有瑕疵或过早衰老的皮肤，说明缺乏护理，从某种角度反映着女人的生活态度、健康程度以及和周围人的关系。因此，女性对面部肌肤的护养不仅是为了挽留青春、保持光鲜，更是一种礼仪的需要。

清洁

人们的面部皮肤总是暴露在空气中，空气中飘浮着的污物、尘埃、细菌，会吸附在皮肤表面，而皮肤自身也会分泌油脂、汗液及产生代谢后的死细胞，如果不及时清除会影响皮肤正常生理功能的发挥，使皮肤失去光泽，出现肤色灰暗，肤质粗糙，甚至引起皮肤感染，造成皮肤发炎，产生痤疮及斑疹等问题。因此，清洁是面部皮肤保养的关键。它分为表层清洁和深层清洁。

表层清洁就是常规的卸妆和洁面双重清洁方法。我们用水、卸妆产品、洁面产品清除附着于皮肤表面的灰尘、油污。深层清洁即利用水、洁面乳、去角质产品，并配合暗疮针等工具，彻底清除面部皮肤的污垢、多余的皮脂、老化的角质细胞、脂肪粒、粉刺痤疮等。深层清洁有利于皮肤对营养物质的吸收和废物的排泄，发挥皮肤的正常生理功能，但不可做得太频繁，应视皮肤需求而定。采用过多的深层清洁，易使角质层变薄，皮肤抵抗力降低，使皮肤变得敏感。一般来说，中、干性皮肤每月 2~3 次深层清洁，油性皮肤每周进行 1~2 次深层清洁为宜。

基础保养

基础保养包括使用化妆水和涂润肤营养霜。可以先用棉片蘸适合肤质的化妆水以面部按摩的基本方向轻拍于面部，再以点弹的手法按摩，使其渗透、促进吸收，增加皮肤弹性。也可用喷雾器喷脸，对缺水的皮肤最有效。然后根据季节、气候环境及自己的年龄、皮肤状况，选择适当的眼霜、润肤营养霜及防晒霜，薄薄地涂在面、颈部，然后再以点弹手法按摩直至皮肤吸收。

一般来说，白天应选用清爽、营养成分简单的可防止紫外线和外界刺激的保护性膏霜或乳液；晚上则选用营养成分较高的滋养品。因为晚上 10 点到凌晨 2 点是皮肤新陈代谢最旺盛的时间段（也称美容时间或美容带），此时皮肤血管扩张，在白天疲惫受损的细胞可在这段时间恢复。

得体的化妆

现今的社交礼仪中，女性化妆是一个基本的礼貌，礼貌的妆容要遵循三W原则，即 When（什么时间）、Where（什么场合）、What（做什么）。不同场合画不同的妆容，是得体形象的定位与诠释。

不分场合的妆容是不礼貌的，比如正式商洽签约的场合以前卫冷傲的妆容出席，会给人傲慢无礼轻浮的印象；而在聚会中，过于简朴的淡妆出席，则有缺少热情、不合群、孤傲藐视的嫌疑。

对大多数女性来讲可分为“基础妆”和“时尚妆”两大类，基础妆是比较正统的、原则性的，适宜于一些隆重的场合，突出个人身份和格调。时尚妆，则是具备现代气息的妆容，一方面可以是前卫醒目的，另一方面也可以带有强烈的个性特色，是纯粹展示自己化妆乐趣的选择。

职业妆

比较常用的职业妆应具较强的包容性，与服饰及办公环境的气氛融为一体，色彩切忌过浓过艳。妆容应讲究精细，以淡雅的色彩为主。既要适于对内外人士近距离的接触与交流，也要能够表达你的品位。粗糙的妆容会影响自己的职场形象，也会因妆容不得体而和他人产生距离感。需要注意的是，因为下班之后可能还有约会，从早上开始就要认真化妆。

底妆 长期待在空调房里，室内照明也是冷调的光源。因此，底妆要选择有保湿效果的粉底，色彩也要选择适合冷光的暖色调，健康肤色和小麦色是较好体现生机的粉底色，偏白的象牙色、贵族白最好作为提亮色使用。记住你的妆容是职业礼貌的表现，而不是为了突出时尚效果。

眼妆 清晰的眼线可以提亮眼神，还可以强调妆容的职业感。用黑色眼线笔从眼头开始描画出在眼尾微微拉长的眼线。以最容易展现出色泽感的珠光银色眼影为重点，用中号眼影刷刷在上下眼睑，清爽的色彩正是利用了清晰的眼线，来突显东方情调和清爽干练的职业感。

睫毛 黑色，一定是黑色的睫毛膏，其他任何颜色都只能让你显得失礼并且怪异。

颊妆 职业妆的腮红不可浓于唇彩，重点在于利用柔和的色彩使整个妆容更加亮丽，缓和办公室的严肃气氛。

唇妆 有透明感的唇彩，可以不用勾勒唇线，选择与自己唇色接近或略深的色泽，轻而薄地涂于唇上。

指甲 修长漂亮的指甲固然吸引眼球，但不适合工作，可要是剪得秃秃的，也会给人不修边幅的印象。

宴会妆

重点在于强调轮廓感。宴会妆是在完全没有自然散光的光线下的妆容，需要用明暗、修容技术和线条勾勒的化妆方法，使轮廓感丰富、清晰。

要点 选定主题。有高贵、优雅、性感、冷艳四个主题。塑造哪一个主题，不仅需要适应相应的场合，还要与你的服饰和气质、风度相配合，有人可适应四个主题，有人只适应一或两个主题。晚妆的亮点是眼睛、口红和腮红。

唇妆 强调层次感。除了选择适宜的色泽之外，可以有三个层次，唇部外延色彩偏重，能帮你打造较好和精细的轮廓感，唇部主体为主体唇色，中部可选择浅色或白色，也可选择富有光泽的唇彩或唇油，制造生动迷人的立体效果。

眼妆 宴会妆较多用紫色、玫瑰红色、银灰色、蓝色等突出主题的色彩，并较多用带有荧光的眼影或用于凸出部的高光色，在晚间的灯光下与有光泽的服饰相辉映，提高晚妆夺目的表现力。

忌讳 色彩是提高亮度的一个重要手段，通常宴会妆着色较平日更浓重一点，不过切忌走向极端，过于浓艳的女人，容易被看成是粗俗与不受欢迎的人。

手部

手是一个人的第二张脸，也是我们在社交场合中动作比较多的部位，所以手部的整洁很重要。

勤洗双手，保持手部的洁净是最基本的礼貌。

手部要注意保护，不能有红肿粗糙、长疮、生癣、皲裂的现象。

不留长指甲，指甲的长度不应超过手指指尖。定期清理修剪指甲，修指甲时，指甲沟附近的“暴皮”要同时剪去，不能用牙齿啃指甲。指甲要保持整洁和有光泽，不要在指甲上涂颜色过于突兀的指甲油。特别值得提出的是，在任何公共场合修剪指甲，都是不文明、不雅观的举止。

女性在穿着无袖上装时，腋毛不宜为人所觉察。

如果手部有过于另类的文身图案，在正式的社交场合会降低你在别人心目中的印象分值。

表情

在人际交往中，表情占有相当大的比重。它是心理状态的外在表现，有时能起到言语所起不到的作用。

微笑

善用微笑是人际交往中比较重要的一个礼仪环节。

微笑是一种面露喜色而又不发出明显的笑声的面容表情。真诚自然的微笑应该是五官不发生显著的颤动和位移，额部肌肉收缩，使眉位提高，眉毛展开略成弯月形，面部笑肌有意识地收缩，双唇的开合不易过大，牙齿以不露出为佳，嘴角稍微用力向两侧拉直使嘴角呈船形。

眼神

“眼睛是心灵的窗口”，视线的角度、注视范围、注视时间，都能表现出你的礼仪分值。一般情况下，视线的落点应该在对方的发际以下、下颌之上。注视其他区域会让对方不舒服，是不礼貌的注视方法。

在问候、致意、告别、表示同意、强调自己见解的时候，一定要看着对方的眼睛。在与别人正面交谈时，视线停留在对方面部的时间不少于总时间的三分之一，以表示敬重对方。切忌目光东移西转，这样会让对方感到你心不在焉。但如果长时间地盯着对方，也是失礼的行为，可以有意识地将视线不时地转换一下，让对方可以放松。

视线的角度也很重要，正视表示平等、友好、尊重；仰视表示尊重、敬仰、盼望、思考；俯视表示爱护、教训、尊严和先发制人；斜视表示轻蔑。在交谈过程中，如果是想向对方询问什么，可以用目光自下而上注视对方；如果是表示专注倾听别人说话，可以头部微微倾斜，目光自上而下注视对方。

专家提示

眉毛应该怎么“表情”？

眉毛应该与眼睑一道保持自然、舒展的状态，不要轻易牵动眉毛。在正式的社交场合与异性接触时，尤其要避免眉毛乱动，以免引起不必要的误会，让人感觉过于轻薄。

体味

在正式的社交场合，身体的气味也是仪容礼仪中的一个重要环节，保证身体气味的清爽是前提条件，如果带有汗味或者其他异味会被视为失礼。在这个基础上，可以适当使用香水。

喷洒香水最简单的礼仪就是不要使用过量。在一米左右所散发的香味，是最能使人接受的香味，也是最能使人着迷的标准。如果在一米外就能闻到你身上的香水味，那么更靠近时就容易让人觉得刺鼻，相当于侵占了公共的空间。

去医院探病或就诊，参加严肃会议，在相对封闭的工作间，出席宴会，都不建议使用味道浓烈的香水。同时，出席宴会时将香水涂抹在腰部以下，以更好地控制香水的气味，这是基本的礼貌。

香水要喷于不容易出汗、脉搏跳动明显的部位，如耳后、脖子、手腕及膝后；一次喷洒不宜过多，少量而多处喷洒效果比较好；不要把香水喷在浅色衣物上，以免留下污迹；避免将香水喷于腋下，以防香气混合体味产生异味。男士使用香水的部位是颈部、耳后、胸膛和腕部。

专家提示

晚餐时怎样正确使用香水?

许多正式的社交活动都会安排在晚餐时进行。用餐时你身上散发出浓郁的香水味会干扰食物的香味，也会破坏共餐同伴的享受，因此，如果准备赴宴进餐，建议你先使用比较淡的香水，等到进餐完毕，再补充香味较浓的香精。这样不会让香水与食物的香味混淆，同时补上的香精会让香味更明显深刻。

需要特别指出的是，补香水虽然不像补妆那样过程烦琐，但建议你还是到化妆室或休息室里去完成，而不要当众取出香水瓶喷洒。

化妆不要共享私密时光

整理自己的仪容切忌在大庭广众的公共场合。女性当着他人的面化妆或补妆都是非常不雅观的行为。

在就餐时，即便只有女性在座，在餐桌上补妆也是极为不礼貌的。在办公室时也不能在自己的座位上补妆，哪怕是简单的扑粉底。应该等到休息时间到化妆室或洗手间去补妆。补妆的动作要快，几分钟内解决问题，否则长时间占据洗手间内的洗手台，孤芳自赏，会影响他人使用，同样是让仪态失分的行为。

不可随意使用他人的化妆品，即使是关系很亲密的朋友。每个女人的化妆盒都具有隐私性，隐藏着各自的喜好和习惯，随便使用他人的化妆品，等于侵入他人最隐秘的私人空间，是非常不礼貌的行为。而且，直接接触皮肤的化妆品、化妆用具最易带上细菌，出于对健康的考虑，也不应使用他人的化妆品，以免引起皮炎。

不能让自己的化妆工具脏、乱。使用清洁的化妆用品，所携带的化妆用品应该有条理地放在化妆包内，以便从容地取出使用。如果女性的化妆包里乱七八糟，取出的粉刷、粉饼、唇刷、眉刷等化妆工具都是脏兮兮的，一则有碍健康，二则透露出化妆包的主人生活品质不高，缺少起码的化妆常识等信息。

2. 着装礼仪：TPO 调整着装和搭配

在社交场合中正确着装是一个礼仪要素，提倡着装遵循 TPO 原则，TPO 是英文

Time、Place、Object 三个词首字母的缩写。T 代表时间、季节、时令、时代；P 代表地点、场合、职位；O 代表目的、对象。着装的 TPO 原则是世界通行的着装打扮最基本的原则。

这个原则要求服饰应力求和谐，以和谐为美。着装要与时间、季节相吻合，符合时令；要与所处场合、环境，与不同国家、区域、民族的不同习俗相吻合；符合自己的身份；要根据不同的交往目的、交往对象选择服饰，从而给人留下良好的印象。

着装要与职业、场合相适宜，这是不可忽视的礼仪原则。职场着装应遵循端庄、整洁、稳重、美观、和谐的原则，能给人以愉悦感和庄重感。专业的着装和精神面貌，能体现你所在单位的工作作风和发展前景。

正式的社交场合，着装宜庄重大方，不宜过于浮华。参加晚会或喜庆场合，服饰则可明亮艳丽些。节假日休闲时间着装应随意、轻便，西装革履则显得拘谨而不适宜。家庭生活中，穿休闲装、便装更益于与家人之间沟通感情，营造轻松、愉悦、温馨的氛围。

着装应与交往对象、交往目的相适应。与外宾、少数民族交往时，要特别尊重他们的习俗禁忌，切忌穿着违背对方习俗的服装。总之，着装的最基本的原则是体现“和谐美”，上下装呼应和谐，饰物与服装色彩搭配和谐，与身份、年龄、职业、肤色、体形和谐，与时令、季节、环境和谐。

正确着装基本要素

根据即将出席的不同社交场合，我们通常会选择身着正装或者个性化服装，正确地选择适合的服装是展现个人魅力的基本礼仪。

正装

常用于会议、活动、办公室上班时的服装，要求符合职业服装的标准：形象优美，干净合体，整洁端庄。

三色原则

三色原则，是选择正装色彩的基本原则。三色原则要求正装的色彩在总体上应当以少为宜，最好控制在三种色彩之内。这样有助于保持正装庄重、保守的总体风格，并使正装在色彩上显得规范、简洁、和谐。正装的色彩若超出三种颜色，一般会给人以繁杂之感。

基本色彩

正装的色彩，一般应为单色、深色，并且应当无花纹或者图案。最标准的套装

美式西服

欧式变形西服

英式西服

欧式西服

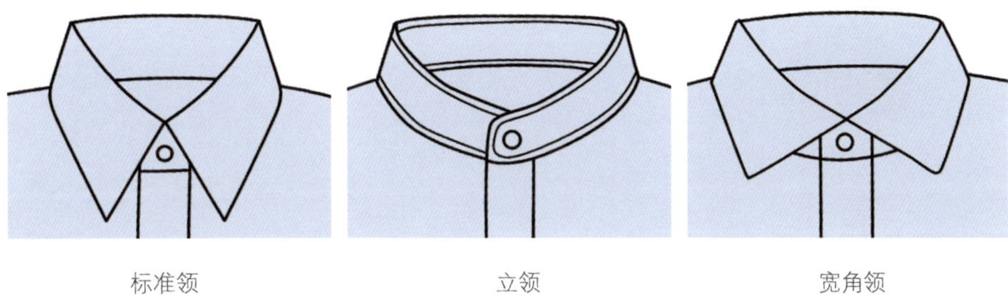

标准领　　立领　　宽角领

色彩是蓝色、灰色、棕色、黑色。配套的衬衫最佳色彩为白色。皮鞋、袜子、公文包的色彩宜为深色，并以黑色最为常见。正装的色彩若为多色、浅色，且有花哨的图案，会给人轻浮不稳重的印象。此点对男士尤为重要。

专家提示

怎么知道该在宴会中穿什么？

依照国际惯例，宴会请柬的左下角通常会注有"正式的(formal)""非正式的(informal)""小礼服(black tie)"等字样，也有写着"随便(casual)"，表明宴会主人对着装的要求。根据这个提示来准备相应的服装就不会错了。

个性化服装

个性化服装的穿衣原则是要符合个人的个性、年龄、身材、气质、爱好、职业等特点。

整体搭配原则

出席一些非正式的社交聚会，可以穿着比较个性化的服装，但要遵循整体搭配的原则，着装的各个部分要相互呼应和配合，而不是各自为政。可以选择一个你希望突出的身体部位或气质特点，然后围绕这个点来进行服装的搭配，比如女性参加晚宴时可以选择礼服，搭配有光泽的金色或银色鞋子，可以比较多地强调服装的时尚感和线条感。

整洁原则

个性化服装的风格比较多，但是都必须遵循的一点礼仪要求就是服装应当是整齐洁净的。

服装的整洁，毋庸置疑是最重要的服装礼仪。出席社交场合，穿着皱皱巴巴未经熨烫的服装，比穿着地摊上买的便宜货更让人难以接受，这表示你对这次社交活动不重视。虽然补丁装曾经是一股时尚潮流，但在绝大多数时间里人们还是希望你能穿着没有补丁的完整服装，所以破旧也是服装礼仪的大忌。

聪明的女人会穿衣

尽管女性的职业服装比男性更具个性，但是有些规则是所有女性都必须遵守的，每个女性都要树立一种最能体现自己个性和品位的风格。比如：出席社交场合，女士正装忌短、露、透，尤其是中年女性要注意，如果穿吊带背心，容易让人看成内衣，穿的时候最好套上外罩。注意要围丝巾，别露出有赘肉和皱纹的脖子。穿低腰裤弯腰时，内裤很容易走光，应尽量避免。开衩很高的裙子体现的性感与超短裙不相上下，工作场所最好不要表现出暧昧气氛。

服装颜色适合选择海军蓝、灰色、炭黑、淡蓝、黑色、栗色、锈色、棕色、驼色；要避免浅黄、粉红、浅绿或橘红色。

西服套裙是女性的标准职业着装，可塑造出有力量感的形象。以下是女性可以通用的着装标准。

穿法 女性的西装上衣如果是单排扣的可以不系扣，双排扣的则应一直系着（包括内侧的纽扣）。

颜色 职业套裙的最佳颜色是黑色、藏青色、灰褐色、灰色和暗红色。精致的方格、印花和条纹也可以接受。如果买红色、黄色或淡紫色的套裙则要小心，因为它们的颜色过于抢眼。

衬衫 衬衫的颜色可以是多种多样的，只要与套装相匹配就可以了。白色和米色与大多数套装都能搭配。丝绸是最好的衬衫面料，另一种选择就是纯棉，但要保证浆过并熨烫平整。

内衣 要确保内衣合身、身体曲线流畅，既穿得合适，又要注意内衣颜色不要外泄。

丝巾 选择丝巾时要注意丝巾颜色中应包含套裙的颜色。

袜子 女士穿裙子应当配长筒丝袜或连裤袜，颜色以肉色、黑色最为常用，肉色长筒丝袜配长裙、旗袍最为得体。袜子一定要大小适宜，绝对不能穿随时都可能往下掉的袜子。尤其要注意，女士不能在公众场合整理自己的长筒袜，而且袜口不能露在裙摆外边。不要穿带图案的袜子。应随身携带一双备用的透明丝袜，以防袜子拉丝或跳丝。

鞋 传统的皮鞋是最畅销最实用的职业用鞋，它们穿着舒适，美观大方。鞋跟高度应该以 3~4 厘米为主。正式的场合不能穿凉鞋、后跟用带系住的女鞋或露脚趾的鞋。鞋的颜色应与衣服下摆一致或再深一些。推荐中性颜色的鞋，如黑色、藏青色、暗红色、灰色或灰褐色。不要穿红色、粉红色、玫瑰红色和黄色的鞋。

办公室职业装

在较为正式的职业环境中，女性应选择正式的职业套裙；在较为宽松的职业环境中，女性可选择造型感稳定、线条感明快、富有质感的服饰，以较好地表现职业女性的素养。

办公室服饰的色彩不宜过于夺目，以免干扰工作环境，影响整体工作效率，应考虑与办公室的色调、气氛相和谐，并与具体的工作岗位相吻合。

服饰造型应简洁、明快，不宜穿着图案过于复杂，带有过多绣花、皱褶、坠物的服饰，以免影响他人的注意力。

服装的质地应尽可能考究，色彩应纯正，衣料不易皱褶。

暴露、花哨、反光的服饰是办公室服饰所忌用的，服饰款式的基本特点是端庄、简洁、持重和亲切。

一般在正式或半正式场合，为表明职业女性对工作的严谨和认真，套裙多整套穿；在休闲场合，则较为随便，套裙可与其他服装搭配起来穿。

外出职业装

应注重整体和立体的职业形象。正式的场合仍然以西服套裙等正式的职业装最为适宜；较正式的场合也可选用简约、质地好的上装和裤装，并配以高跟鞋；较为休闲的场合，虽然可以在服装和鞋的款式上稍作调整，但切不可忘记职业特性是你的着装标准。

外出工作着装，最容易犯的错误就是你的着装表现欲，这是需要努力克制和避免的。

包包宜选择款型稍大的公务包，也可选择优雅的笔记本电脑公文包。好的公文包最容易表现女性自信、干练的职业风采。另外，你是不是除了皮包之外还经常挎着纸袋走在大街上？即使纸袋上印着高级商标的标志，也只是一个廉价的纸口袋。通常，无论你穿着多么优雅，你全身的优雅等于身上最廉价的那一件物品，所以最好使用容量够大、品质较好的公务包。

服装款式应舒适、得体，便于走动，不宜穿着过紧或过于宽松、不透气或面料粗糙的服饰。

服装的色系款式不宜复杂，并应注意与发型、妆容、手袋、鞋相搭配，不宜咄咄逼人，干扰对方视线，甚至造成视觉压力。所用饰品也不宜夸张。

午后 party 礼服装

不宜穿太过暴露的服装，因为日间的活动通常光线明亮，气氛和谐；如果穿着过于暴露，一是容易走光，另外也会给他人造成不适的压力。

下午的活动通常可以穿着小礼服以及色彩明快的时尚服装，稍加修饰即可。

小礼服 妩媚，典雅。也叫鸡尾酒服，早期主要用于鸡尾酒会。后来把日间活动穿的小型礼服统称为小礼服。色彩明快单纯，比如白色、淡粉色、天蓝色等，黑色也比较常用。一般长度不拖地。它也是近年来比较流行的一种礼服。

显身材的连衣裙 性感，自如。搭配相应的首饰或者有装饰感的披肩、丝巾，这些佩饰会起到很大的作用。其实稍加装饰，就可以使一件逛街穿的小连衣裙变成一件优雅的小礼服。

小胸衣配长裤 洒脱，清新。这时可以戴一些稍显夸张的首饰，也可以搭配一些有装饰感的小丝巾。

晚礼服

晚礼服是用于庆典、正式会议、晚会、宴会等活动的服饰。

晚装服饰的特色、款式较多，需要根据不同的场合和风格来选择。闪亮的服饰是晚礼服永恒的焦点和着装秘诀，但全身除首饰之外的亮点不得超过两处。

晚礼服多以高贵优雅、雍容华贵为基本着装原则。西式的晚礼服多为开放型，强调美艳、性感、光彩夺目；中式传统晚装以中式旗袍为主，注重表现女性端庄、文雅、含蓄、秀美的姿态。

晚装既讲究面料的品质，也讲究饰品的品质，好的品质可以烘托和映衬女人的形象和品位。有反光效果的面料会让脸色显得漂亮，例如丝绸、丝绒、皮草，都让你的脸散发出光芒。突出身体最值得骄傲的部分，无论肩膀、腿、臀部还是胸部。

专家提示

旗袍怎么穿?

在我国，正式的社交场合的礼服是旗袍。夏季旗袍可用棉布、丝绸、麻纱等面料，秋冬季可采用锦丝绒、五彩缎制作。

穿旗袍时，鞋子、饰物要配套，应当戴金、银、珍珠、玛瑙等精致的饰品。宜穿与旗袍颜色相同或相近的高跟或半高跟皮鞋。裘皮大衣、毛呢大衣、小西装、开襟小毛衣和各种方形毛披肩可与旗袍配套穿着。

参加宴请时长裙要过膝，穿长裤不符合礼仪规范，会被认为过于随意，正式场合不能穿凉鞋。如果不了解要参加的晚会有什么着装要求，穿多点比穿得太少好。参加时间较长的晚会活动，建议拎一个方便的小手袋，将一些随身用品如手机、纸巾、口红等装在包内。

给服装加上饰品语言

在社交活动中，除了要注意服装的选择外，还要根据不同场合的要求佩戴戒指、耳环、项链、胸针等饰品。

首饰的作用就是装饰，但如果这种装饰给自己和别人带来不愉快的话，也就谈不上美丽了。佩戴饰品应当以适度为原则，比如，工作时所戴的饰品应避免太漂亮或太闪光，镶有太大颗粒的玉、钻、宝石的高档戒指不宜出现在工作场所。在办公室佩戴的饰物最好还是以简单大方的款式较为理想。

戒指一般只戴在左手，而且最好只戴一枚，至多戴两枚。戴两枚戒指时，可戴在左手两个相连的手指上，也可戴在两只手对应的手指上。有的人手上戴了好几个戒指，让人感觉是在炫耀财富，其实显露的是浮躁和粗俗。

耳环是女性的主要首饰之一，使用率仅次于戒指。佩戴时应根据脸型特点来选配耳环。如圆形脸不宜佩戴圆形耳环，因为耳环的小圆形与脸的大圆形组合在一起，会强化“圆”的感觉。

方形脸也不宜佩戴圆形和方形耳环，因为圆形和方形并置，对比之下，方形更方，圆形更圆。

项链也是非常重要的佩饰，是人们视觉的焦点。它的种类很多，大致可分为普通材料项链（如金属材质、玻璃、琉璃等）和珠宝项链（如钻石、宝石、珍珠等）两大系列。佩戴项链应和自己的年龄及体型相协调，也应和服装相呼应。例如，穿柔软、飘逸的丝绸连衣裙时，宜佩戴精致、细巧的项链，显得妩媚动人。

穿单色或素色服装时，宜佩戴色彩鲜明的项链。这样，在首饰的点缀下，服装色彩可显得丰富、活跃。

太长的项链和耳环都是不适宜的。特别是在工作场合，耳环要选择固定在耳上的，如果太长，会看起来不够庄重。如果饰品在工作时会发出声音，为了不影响别人，应该立即取下。

1 2

1. 身着质地较软的服装宜佩戴的项链。
2. 身着素色服装宜佩戴的项链。

此外，胸针、手帕也可作为饰品使用，它们与衣服相配既有对比美，又有协调美，使人显得更富情趣和女人味。

专家提示

戒指不同戴法的含义

戒指的佩戴可以说是一种沉默的语言，往往暗示佩戴者的婚姻和择偶状况。戒指戴在中指上，表示已有了意中人，正处在恋爱中；戴在无名指上，表示已订婚或结婚；戴在小手指上，则暗示自己是一位独身者；如果把戒指戴在食指上，表示无偶或求偶。

职业女装的八个“不妥”

女性切忌在办公室穿着这样的服装：

◎领子低到可以看见胸部。

◎裙边高于膝盖的短裙或超短裙。

◎过于轻薄透露的服装。

◎紧身到让身体每一处线条都曲线毕露的服装。

◎有非常醒目图案的服装。

◎有过多蕾丝花边和装饰物的服装。

◎过于肥大宽松的服装。

◎脏、破旧、有污渍或有异味的服装。

3. 举止礼仪：举手投足展现品位和气质

在社交场合中，礼貌的举止应该落落大方，端庄稳重，表情自然诚恳，蔼然可亲。站立时，身子不要歪靠在一旁。坐时，不半坐在桌子或椅子背上。坐时，腿不摇，脚不跷。坐在沙发上不要摆出懒散的姿态。在公共场所不要趴在桌子上，躺在沙发上。谈话时，手势不要过多，不要放声大笑或高声喊人。

优雅行走和站姿

行走时，步态应该自然轻松，目视前方，身体挺直，双肩自然下垂，不摇晃肩膀和上半身，膝关节与脚尖正对前进方向。行走的步子大小适中，自然稳健。多人一起行走时，不要排成横队，不要勾肩搭背。

通过观察鞋底的磨损情况，检查走路姿势是否正确。

用正确的姿势走路，往往大脚趾周围和脚后跟的外侧磨损较多。鞋底的磨损部位如果靠近左右两端外沿，说明走路的方式有问题。如鞋底的内侧磨损严重，有可能是 X 形腿或内八字；鞋底的外侧磨损严重，则可能是 O 形腿。

标准的站立姿势要求挺胸收腹，两肩平齐，双臂自然下垂。双腿靠拢，脚尖张开约 60 度，或双脚与肩同宽。站累时，脚可后撤半步，但上体仍须保持挺直，身体重心在两腿正中。

怎样才能坐得优雅

正式的坐姿

入座时要轻而缓，走到座位前转身，轻稳地坐下。女士落座时，应用手把裙摆向前拢一下再坐。坐下后，上身保持挺直，头部端正，目光平视前方。

坐稳后，身子一般只占座位的 2/3。两腿自然弯曲，小腿与地面基本垂直，两脚平落地面，两膝两脚并拢为好。

无论哪一种坐姿，都不可仰头靠在座位背上或低着头注视地面；身体不可前俯后仰，或歪向一侧；双腿不宜分开过大，也不要把小腿搁在大腿上，更不要把两腿直伸开去，或不断地抖动。这些都是缺乏教养或傲慢的表现。

1 2 3

1. 正式的坐姿。
2. 正确的用餐坐姿。
3. 错误的用餐坐姿。

坐在低矮沙发上时

一定要注意，坐在低矮沙发上的时候，如果穿着贴身短裙，从正面很容易看到内裤，所以两膝务必并拢，双腿稍横斜，如果不放心，可以把包包放在膝盖上。

坐在高凳上时

先把高凳往身边挪近一些，一手放在柜台上，一手扶住高凳，提起一条腿坐上去。半个臀部稍微抬起来，身体顺势向上，坐在高凳上。

站起来的时候，注意不要向前哈腰，保持后背挺直，稍微挪动一只脚，就很容易做到笔直地站立起来，落座时也可以这样。

端坐的要点

去日、韩等国家旅行时，经常会遇到需要在榻榻米上端坐（跪坐）的情况，这时，男士为正坐，女士则可以将小腿斜向一侧端坐，但身体一定要正对前方。在调整坐姿时，注意自己的脚不要对着领导或者前辈。穿着短裙端坐的时候，内裤很容易走光，要警惕！必要时可以用手绢遮住膝盖。为了避免脚麻，将臀部稍微提起，重心转移，双脚交错换位，会达到舒展脚部的效果。

不要“爬”进车里

上车 女士上车不要一只脚先踏入车内，也不能爬进车里。须先站在座位旁边，身体降低，让臀部坐到位子上，再将双腿一起收进车里，双膝一定保持并拢的姿势。

下车 从车内出来，应该先打开车门，把脚以 45 度角从车门伸出，稳稳地踏在地面上之后，再把身体的重心移过去。千万不要一打开车门就先探出头来，那样子好像是被司机扔出来似的。

拒绝螃蟹一样的张扬动作

很多人容易忽视影响优雅形象的细节和动作，以下是几个需要注意的细节。

手如何摆放 当需要将双手放在桌面时，比起随随便便把手张开放着，将手指尖并拢看起来更典雅。把物品放到桌子上之前，先用小拇指接触桌面，以防止发出大的声响。把杯子放到杯碟上的时候，也要先用小拇指支撑一下。

如何指示方向 在给别人指点方向的时候，用手掌（掌心向上）而不是手指指示，才是有礼貌的行为。

怎样传递物品 应该用双手把物品递给对方。如果是文件或者书籍，要注意把便于阅读的方向朝向对方，避免直接塞给对方。递的过程中轻柔地向上划出一条小弧线，这样做是最典雅的。接取物品时，不要用单手，一定要用双手接过来，即使是小的物品，也要一只手垫在另一只手下面接住。

怎样开关门 开门或者关门时，不是只用一只手拉门把手，另一只手也要轻轻扶着门，慢慢开门，尽量不发出大的声响，这样看上去会很优雅。

怎样挎包 作为女性，包包挽在小臂上最能体现女性特色。在不影响手腕活动的情况下，手腕要贴靠在身体一侧。如果手腕朝外侧的话，就像螃蟹一样张牙舞爪，包包和手腕都会影响到别人。此外，不管肩包挎在哪边肩膀上，双肩都要注意保持水平，同时用手轻握住包带。

专家提示

如何优雅地拣起掉到地上的物品?

当物品落到地上需要蹲下身去拾拣时，注意下蹲的动作。女士下蹲不要翘臀或者直接弯腰俯身拾拣物品。正确的姿势是：上身挺直，略低头，双腿靠紧，屈膝下蹲，起身时应保持原样，特别是穿短裙下蹲时更不要翘臀。

二、会面礼仪：好印象从见面开始

现代人工作繁忙，而工作之余各类交际应酬也日渐增多，想想看，除去几个难得能把自己关在家里休养的日子，你每天要与多少人会面呢？而每一次的会面都不是盲目的，无论是工作需要、拓展人脉，还是其他的目的，人们总是怀着既定的目标与人交往。会面是人与人交往的一个重要机会，在为人们提供沟通、交谈平台的同时，也让彼此可以互相审视，在心里默默地做出喜欢或不喜欢的判断。与其日后花费时间精力弥补最初因为礼仪不当造成的裂隙，不如从相见的第一个微笑起，用恰当的言谈、得体的举止给对方留下美好的印象。

1. 介绍礼仪：走向熟悉的第一步

在社交场合，我们往往有为不相识者互相引见的义务，这便是为他人作介绍。为他人作介绍，有几点礼仪要求。

什么时候该作介绍

◎ 与家人外出，路遇家人不相识的同事或朋友。

◎ 在家中或办公地点，接待彼此不相识的客人或来访者。

◎ 打算推介某人加入某个交际圈。

◎ 受到为他人作介绍的邀请。

◎ 陪同上司、长者、来宾时，遇见了他们不认识的人，而对方又跟自己打了招呼。

谁该做介绍人

在公务交往中，介绍人应由公关礼仪人员、秘书担任；在社交场合，东道主、长者、女主人、身份较高者或与被介绍的双方均有一定交情者都可以担任介绍人。

按照什么顺序介绍

受尊敬的一方有优先了解另一方是谁的权利。所以通常我们必须掌握的介绍顺序如下。

◎ 先将男士介绍给女士。

◎ 先将晚辈介绍给长辈。

◎ 先将下级介绍给上级。

◎ 先将客人介绍给主人。

◎ 先将迟到者介绍给先到者。

◎ 先将熟悉的人介绍给不熟悉的人。

◎ 先将未婚者介绍给已婚者。

◎ 先将家人介绍给同事、朋友。

集体介绍的礼仪顺序

如果需要介绍的不是单个人，而是许多人，则需要集体介绍。集体介绍时需要注意以下礼仪细节。

◎ 先介绍人数较少的一方或者个人，后介绍人数多的一方。

◎ 如果其中一方年长或者地位、身份尊贵，则最后介绍。

◎ 在会议、比赛、会见、演讲、报告时，可以只将主角介绍给大家，而不需要一一相互介绍。

2. 名片交换礼仪：不仅仅是形式的问题

发送名片别贪早

选择适当的时候交换名片是名片交换礼节的第一步。

除非对方要求，否则不要在年长的主管面前主动出示名片。

对于陌生人或巧遇的人，不要在谈话中过早发送名片。因为这种热情一方面会打扰别人，另一方面有推销自己之嫌。

不要在一群陌生人中到处发送自己的名片，会让人误以为你想推销什么物品，反而不受重视。在商务社交活动中尤其要有选择地提供名片，才不致使人以为你在替公司搞宣传、拉业务。

处在一群彼此不认识的人当中，最好等别人先发送名片。名片的发送可在刚见面或告别时，但如果自己即将发表意见，则在说话之前发名片给周围的人，可帮助他们认识你。

出席重大的社交活动，一定要记住带名片，交换名片时如果名片用完，可用干净的纸代替，在上面写下个人资料。

递交名片忌随意

递名片给他人时，要郑重其事，应该起身站立，走上前去，使用双手或者右手，将名片正面面对对方，并交与对方。不要以手指夹着名片给人。

切勿以左手递交名片，不要将名片背面朝上或是颠倒着递给对方，不要将名片举得高于胸部，也不能低于腰部。

如果对方是少数民族或外宾，最好将名片上印有对方认得的文字那一面朝上。将名片递给他人时，应该说“请多指教”“多多关照”“今后保持联系”“我们认识一下吧”，或是先作一下自我介绍。

如果是与多人交换名片，应讲究先后次序，或由近而远，或由尊而卑，一定要依次进行。切勿挑三拣四，采用“跳跃式”，否则容易被人误认为厚此薄彼。地位较低的人或是来访的人要先递出名片。

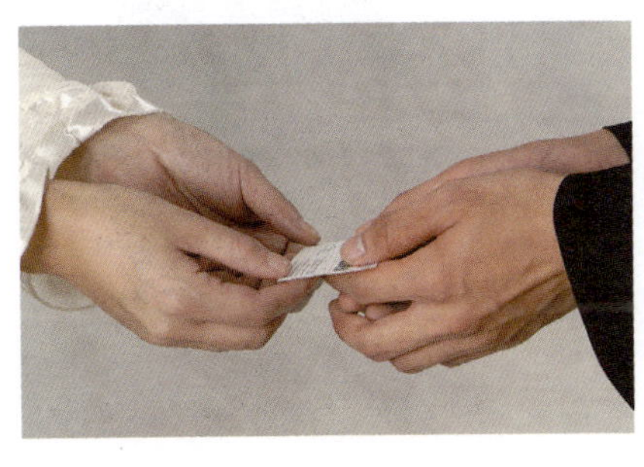

接受名片要恭敬

当他人要递名片给自己或交换名片时，应立即停止手上所做的事情，如果手上有东西应该立刻放下，起身站立，面含微笑，目视对方。接受名片时应该双手捧接，或以右手接过，切勿单用左手接过。

接过名片后，当即要用半分钟左右的时间，从头至尾将其认真默读一遍，意在表示重视对方。接受他人名片时，应口头道谢，或重复对方所使用的谦辞敬语，如“请您多关照” “请您多指教”，不可一言不发。若需要当场将自己的名片递过去，最好在收好对方名片后再给，不要左右开弓，一来一往同时进行。

看过名片后，应细心地放入上衣口袋或者名片夹中。若接过他人的名片后在手头把玩，或随便放在桌上，或装入臀部后面的口袋，或交予他人，都是失礼的。

不要弄脏名片的面子

◎ 名片不可在用餐时发送。

◎ 切忌折皱、玩弄对方的名片。

◎ 在别人的名片上做标记也是不礼貌的。

3. 握手礼仪：从掌心处开始的交流

用手掌感知对方的态度

握手时，双方距离一米为宜，双腿立正，上身略略前倾。

手掌和地面垂直，手尖稍稍向下，从身体的侧下方伸出右手。伸手时，肘部不要太弯曲，显出一副很害羞的样子，应该自然大方地尽量把右手向前伸，但伸出的手不宜抬得过高或太低，太高显得轻佻，太低又使对方不容易注意到。

伸手时，四指并拢，拇指适当张开，再以手掌与对方的手掌相握（拇指根部相抵），上下摇动1~3次。握手时注意力度，过轻或过重都是失礼的。一般来说，职业外交官的最佳握手力度在两公斤左右，我们可以不必这么专业，只需稍微使点劲，表示热情友善就行了。

握手的时间一般以1~3秒为宜，如果是表示鼓励、慰问和热情，而且又是熟人的情况，时间可以稍微延长，但最长也不应长过30秒。

握手时双目应注视对方，微笑致意或问好。

双手迎握 有时为表示特别尊敬或老友重逢，可用双手迎握，即用双手握住对方的一只手。这种握手方式有一个非常形象的名字——“外交家的握手”，通常出现在领导人接见场合，它能让被握的人感觉受到特别的重视。但这也可能成为一种“社交自杀行为”，因为如果你和一个刚刚认识的人这样握手，往往会被对方认为你有些虚伪，或者引人怀疑——你都不了解我，怎么会这么热情呢？而如果与一个深入交谈过并互生好感的人在即将告别时这样握手，则会给对方留下非常深刻的印象（但对于异性，最好不要这样握手）。

轻微式（死鱼式）握手 有的人在与别人握手时只轻轻握住对方的手指部位，而不是把对方的整个手掌握住。这样的人性格往往比较软弱，缺乏活力，有时甚至表示一种敷衍，尤其是眼睛不注视对方，随便轻轻碰一下对方的指尖就松开，是一种

双手迎握

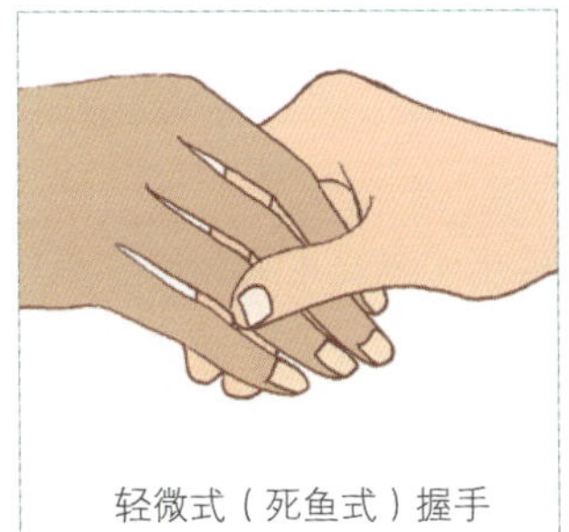
轻微式（死鱼式）握手

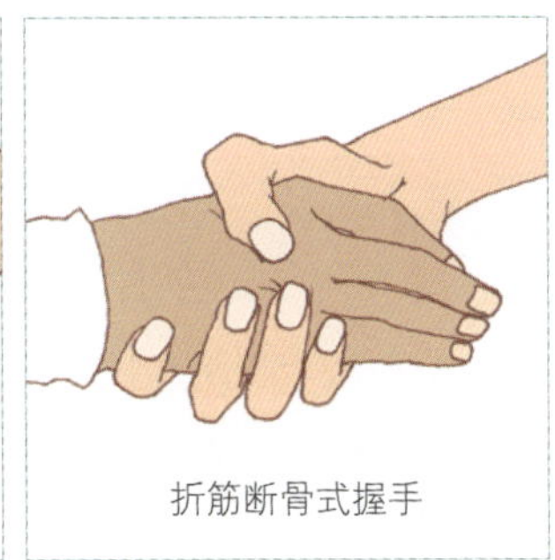
折筋断骨式握手

不尊重对方的握手方式。

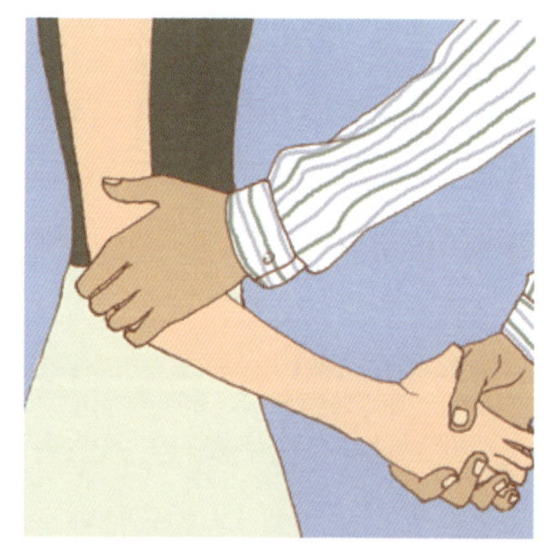

折筋断骨式握手 在握手时，用力紧握住对方的指关节。这种握手方式带有一种挑衅的意味，表示你已经做好了战斗的准备，而且一定要在气势上压倒对方。这种握手方式表露出专横、傲慢和盛气凌人的信息。当一个人采取这种方式与他人握手时，他的双臂往往也是僵直的——这同样说明了他希望与对方保持一定距离。

用一只手扶住对方的肘部 这个动作同样会让人感到有点虚情假意——因为这会让人觉得你是一个过分热情、神经紧张的人。

谁先伸出右手

在社交场合，握手时谁该先伸出手是礼仪规范的重点，通常应该按照以下的次序。

◎ 女士先向男士伸手。

◎ 已婚者先向未婚者伸手。

◎ 年长者先向年幼者伸手。

◎ 长辈先向晚辈伸手。

◎ 上级先向下级伸手。

◎ 主人先向客人伸手。

◎ 客人告辞时，应主动伸出手来与主人相握。

如果需要和多人握手，应该按照由尊至卑的次序来依次跟大家握手。有一个小规律可以遵循，如果是工作场合，握手时应根据对方的职位、身份来依次握手；如果是社交场合的话，则可以根据对方的年龄、性别、婚否来判断自己握手的次序。

多人同时握手时应按顺序进行，切忌交叉握手。

适得其反的握手方式

握手礼仪有比较多的禁忌，如果有细节没有注意到，容易让人认为你很失礼。

◎ 在外交场合遇见身份高的领导人，应有礼貌地点头致意或表示欢迎，不要主动上前握手问候。只有在领导人主动伸手时，才向前握手问候。

◎ 在任何情况下拒绝对方主动要求握手的举动都是失礼的。

◎ 如果在抽烟时需要与人握手，千万不要换手持烟去握手，而是应该把烟放下，再伸手相握。

◎ 与别人握手时不能三心二意、东张西望。

◎ 不要用左手与他人握手。

◎ 不要在握手时争先恐后。

◎ 不要在握手时戴着手套。

◎ 不要在握手时戴着墨镜。

◎ 不要在握手时将另外一只手插在衣袋里。

◎ 不要在握手时面无表情，不置一词。

◎ 不要在握手时长篇大论。

◎ 不要在握手时把对方的手拉过来，推过去。

◎ 不要以肮脏不洁或患有传染性疾病的手与他人相握。

◎ 不要在与人握手后，立即揩拭自己的手。

专家提示

什么时候不该与人握手？

如果遇到以下几种情况，则不适宜握手：对方手部有伤；对方手上提着重物；对方正在忙于他事，如打电话、用餐、喝饮料、主持会议、与他人交谈等等；对方与自己距离较远；对方所处环境不适合握手。

如果自己的手是脏的，可以不与对方握手，但要及时向对方说明原因并诚恳表示歉意。

三、交谈礼仪：打破你封闭的圈子

不知你是否注意到，中国人的社交文化是一种圈子文化，这从聚会用餐的方式就能看得出来。比如，中国人大型聚餐时偏好桌餐，尤其是圆桌餐，像一个个封闭的圈子一样，人们喜欢与熟悉的人坐在一起。一个聚会下来，旁桌不认识的人互相多是淡漠的，至多点点头而已；而西方社交不是这样，他们更喜好开放式的自助餐。

我在美国时发现，在社交场合中，人们参加社会活动，交往的兴趣不是认识的人，而是不认识的人，这其实应该是社交的真正意义。往往在那里的聚会中，当你一个人拿着酒杯不知所措时，总会有人走到你的身边，和你微笑着聊天，化解你的尴尬，帮你融入这个圈子中，结识新的朋友。

这种开放式的社交文化，不仅表现在大型聚会中，在家庭聚餐时也是如此。我记得有一次在羽西家做客，那天客厅里不同处的沙发和餐桌前坐了不少人，有相识的，有不认识的。羽西对大家说："今天，来这儿的客人都不能从头到尾只坐在一个地方，你们要交换不同的位置，每个人都要和其他朋友交谈。你们都是我的好朋友，有责任帮助我照顾好其他的朋友。"为每一个人创造快乐和谐的交流气氛，是开放式社交的原则。每个人要乐于和别人交流，乐于走近他人，乐于给予别人帮助，帮助自己和他人消除在新环境中的不适与陌生感。

与人交谈是社交活动中的重要内容，通过谈话，双方可以增进感情交流和相互了解。当然，在交谈中也最容易暴露一些礼仪细节。

首先，与别人交谈不要只谈自己的事情或自己关心的事情，而不顾对方是否愿意听或冷落对方；其次，要注意自己的态度和语气，要尊重他人，不要恶语伤人，不要强词夺理，语气要温和适中，不要以势压人；再次，交谈时要认真倾听别人讲话，这是一种礼貌，不能显出很不耐烦的表情或东张西望；别人谈完后再发表自己的看法，光听不谈也是不礼貌的。

1. 交谈基本原则：这样交谈最有效

与人交谈时的注意事项

表情认真 在倾听时，要目视对方，全神贯注，不能东张西望，心不在焉的表情会让对方感到很不舒服。交谈时双方目光接触的时间应该占总的交谈时间的一半以上，但并不意味着你应该目不转睛地盯着对方的眼睛，这样会让对方感到不舒服。

动作配合 自己接受对方的观点时，应以微笑、点头等动作表示同意。身体后仰、抱着胳膊、跷着腿，从心理学角度看，是对对方保持警戒的状态。歪着脑袋，摇头晃脑，容易使人误以为“是不是对我的意见不满意”。另外，不停地抖腿、转动手中的笔、两手紧握弄得关节嘎嘎作响，都是应该引起注意的无意识的坏习惯。

语言合作 在听别人说话的过程中，不妨用“嗯”“是”等词加以回应，表示自己在认真倾听。

用词委婉 在交谈中，应当力求言语含蓄温和。如在谈话时要去洗手间，不便直接说“我去厕所”，应说 “对不起，我出去一下，很快回来”，或其他让人比较容易接受的说法。

礼让对方 在交谈中，应以对方为中心，处处礼让对方，尊重对方，不随便插话。

专家提示

怎样委婉地表达你的意见?

在与人交谈时，如果遇到不方便直接表达的话语，可以采取一些委婉的方式来表达，掌握这样的技巧会显得更加礼貌。

旁敲侧击。不直接切入主题，而是通过“提醒”语言让对方主动提出或说出自己想要表达的意思。

比喻暗示。通过形象的比喻让对方展开合理准确的联想，从而领会你所要传达的意图。

间接提示。通过密切相关的联系，间接地表达信息。

先肯定，再否定。有分歧的时候，不要断然否定对方的全部观点，而是要先肯定对方观点的合理部分，然后再引出自己的观点。

多用设问句，不用祈使句。祈使句让人感觉是在发布命令，而设问句让人感觉是在商量问题，所以后者更容易让人接受。

表达留有余地。不要把问题绝对化，从而使自己失去回旋、挽回的余地。

语言中的礼仪细节

在交谈中，语言必须准确，否则不利于双方之间的沟通。要注意的问题主要有以下几点。

发音准确　在交谈中要求发音标准。读错音、念错字、口齿不清、含含糊糊都让人听起来费劲，而且有失自己的身份。

口气谦和　在交谈中，说话的口气一定要做到亲切谦和，平等待人，切忌随便教训、指责别人。

内容简明 在交谈时，应言简意赅，要点明确，少讲、最好不讲废话。啰里啰唆、废话连篇，谁听都会头疼。

少用方言 在公共场合交谈时，应用标准的普通话，不能用方言、土话，这也是尊重对方的表现。

慎用外语 在一般交谈中，应讲中文，讲普通话。无外宾在场，最好慎用外语，否则会有卖弄之嫌。

此外，要用文明语言，绝对不能出现诸如以下有失身份的语言。

◎ 粗话 口中吐出“老头儿”“小妞”等称呼，是很失身份的。

◎ 脏话 讲起话来骂骂咧咧，是极度不文明的表现。

◎ 黑话 一说话就显得匪气十足，容易让人产生反感、厌恶情绪。

◎ 荤话 不分场合地把绯闻、色情、“荤段子”挂在嘴边，会使你显得低级趣味。

◎ 怪话 说话怪声怪气、黑白颠倒，让人难生好感。

◎ 气话 说话时意气用事、发牢骚或指桑骂槐，很容易伤害人、得罪人。

不要让你的声音生锈

你的声音在交谈中也是表现个人魅力的重要元素，在很多西方领导人训练课程中，声音的培训也是其中一项内容。在与人交谈时，深厚、宽音域的声音能够让人觉得舒服，尖利或者刺耳的声音会让人难以忍受。因此，应注意以下一些细节。

语调 在讲话时保持抑扬顿挫的音调，要让人觉得自己对正在交谈的话题很有兴趣，不能用平淡、乏味的声音来交谈，这会让人有昏昏欲睡的感觉。

声调 过于尖锐的声调会让人觉得难以忍受，要避免将讲话的力气都集中在嗓子眼；而过于低沉的声调让人听起来很累。此外，也不要有气无力地说话。

音量 太大的音量容易成为交谈中气势逼人的角色，也容易让人反感；音量太小会使你显得不够权威，容易被人忽视。

语速 讲话过快会让人听不清楚，过慢则会让人失去耐心。最好在讲话的过程中留一些停顿，以便让人有一个反应的过程。

选择愉悦的交谈话题

选择一个大家都感兴趣的话题，围绕这个话题开始交谈是你在社交场合中时常需要面对的问题，在社交场合探讨什么样的话题才会显得不失礼呢？我建议遵循下面的一些规则。

◎ 讨论别人有兴趣的话题。

◎ 讨论知识性的话题。

◎ 讨论天气、体育新闻等中性话题。

◎ 讨论有品位的个人爱好。

◎ 讨论别人的优点和喜讯。

比较敏感的话题应该避免

◎ 不能打探讨论对方的隐私，包括收入状况、年龄、婚姻、健康、经历等。

◎ 不能嘲笑其他人的糗事。

◎ 不能谈论朋友的身体特征。

◎ 禁止在社交场合讲黄色故事。

◎ 在别人不幸的时候讨论自己的好运气。

◎ 不利于宗教、民族团结的话题更是应该回避。

◎ 不传播小道新闻或者不好的消息，比如车祸、灾难、犯罪等。

◎ 不能非议国家和政府。

◎ 不能涉及国家和行业秘密。

◎ 不能在背后说领导、同事、同行的坏话。

◎ 不能谈论格调不高的话题。

交谈中的危险雷区

◎ 不要一个人长篇大论。交谈讲究的是双向沟通，因此要多给对方发言的机会，不要只顾一个人侃侃而谈，而不给他人开口的机会。

◎ 不要冷场。不论交谈的主题与自己是否有关，自己是否有兴趣，都应热情投入，积极合作。万一交谈中出现冷场，应设法打破僵局。常用的解决方法是转移旧话题，引出新话题。

◎ 不要插嘴。他人讲话时，不要插嘴打断。即使要发表个人意见或进行补充，也要等对方把话讲完，或征得对方同意后再说。对陌生人的谈话是绝对不允许打断或插话的。

◎ 不要抬杠。交谈中，与人争辩、固执己见、强词夺理的行为是不足取的。自以为是、无理辩三分、得理不让人的做法，有悖交谈的主旨。

◎ 不要否定。交谈应当求大同，存小异。如果对方的谈话没有违反伦理道德、侮辱国格人格等原则问题，就没有必要当面加以否定。

◎ 把握交谈时间。一次良好的交谈应该注意见好就收，适可而止。普通场合的谈话，最好在30分钟以内结束，最长不能超过1小时。交谈中每人的每次发言在3 ~ 5分钟为宜。

◎ 避免低声耳语。如果多人交谈时，你只对其中一人窃窃私语，会给其他人造成你正在评论他们的印象，这种时候低声耳语会让其他人觉得你排斥了他们。

◎ 不要用手指点别人，需要指出其他人的时候，应该把手指全部伸开，掌心朝上，用手掌指出那个人。

◎ 不要过分谦虚。受到表扬的时候，可以把自己快乐的心情直接告诉对方，比只是谦虚效果好多了，这时候，空气中都会充满了幸福的感觉。

◎ 不要挑剔别人的毛病。大家在一起的时候，如果总是挑剔别人的毛病，被你挑毛病的人就会心情很差，应该从积极的角度思考，正面理解对方的想法和心情。

小测试

你擅长与人交谈吗?

你想知道自己与人交谈的能力吗? 不妨测试一下，每题有三种答案可供选择，答题后根据计分来评判自己的交谈能力。

◎ 你是否时常觉得“跟他多讲几句也无意思”?

A. 是的　B. 有时觉得　C. 从不觉得

◎ 你是否觉得太过于表现自己的人是肤浅和不诚恳的?

A. 是的　B. 有时觉得　C. 从不觉得

◎ 你与一大群人或朋友在一起时，是否时常觉得孤独或失落?

A. 是的　B. 有时觉得　C. 从不觉得

◎ 你是否觉得需要有时间静静地独处才能清醒和整理好思绪?

A. 是的　B. 有时觉得　C. 从不觉得

◎ 你是否只会对一些经过千挑百选的朋友才吐露自己的心事?

A. 是的　B. 有时是的　C. 从不觉得

◎ 在与一群人交谈时，你是否时常发觉自己在胡思乱想一些与交谈话题无关的事情?

A. 是的　B. 有时是的　C. 从来没有过

◎ 你是否时常避免表达自己的感受，因为你认为别人不会理解?

A. 是的　B. 有时是的　C. 从来没有过

◎ 当有人与你交谈或对你讲解一些事情时，你是否时常觉得很难聚精会神地听下去?

A. 是的　B. 有时是的　C. 从不觉得

◎ 当一些你不太熟悉的人对你倾诉他的生平遭遇以求同情时，你是否觉得不自在？

A. 是的 B. 有时是的 C. 从不觉得

答案

每道题选 A 可得 3 分，选 B 可得 2 分，选 C 可得 1 分。

22~27 分 表示你只有在极需要的情况下或者对方与你志同道合时，才同别人作较为深入的交谈，但你仍不会把交谈作为发展友情的主要途径。除非对方愿意主动频频跟你接触，否则你便总处于孤独的个人世界里。

21 分 表示你的性格接近孤僻，不太容易与人交谈。

15~21 分 你比较热衷跟别人交谈。如果你与对方不熟识，你开始会很内向，不大愿意跟对方交谈。但时间久了，你便乐意常常搭话，彼此谈得来。

9~14 分 表示你与别人交谈不成问题。你非常懂得交际，较易营造一种热烈气氛，鼓励人家多开口，同你谈得拢，彼此十分投机。

2. 倾听的基本礼仪：倾听用耳别忘了用心

不做面无表情的倾听者

学会听人说话，是社交中最容易做的事情，不过在现实生活中，这却是很多人最容易忽略的。在听别人讲话时，目光要与讲话者对应，面部表情应该根据对方谈论的内容而有所反应；身体前倾，以表示你对他人正在讲的话题感兴趣或者专注；点头或者摇头，以表示肯定或者否定；要时不时地报以“嗯”“是”“对的”“哦”这样简短的语气词来表示你在认真倾听；对别人提出的问题应该及时并且诚恳地回答。

倾听时的五个“不能”

◎ 不能左顾右盼，目光必须集中在讲话者的身上。

◎ 不能经常打断别人的讲话。

◎ 不能心不在焉，一边保持手中的动作一边听别人讲话是很不礼貌的行为。

◎ 不能假装在听，在别人说话时走神是最大的禁忌。

◎ 过于强硬地坚持自己的观点而与对方发生争执不是有礼貌的倾听。

3. 礼貌用语：拉近人与人的距离

问候要亲切

在被介绍给他人之后，应当问候对方。若只向他点点头，或是只握一下手，通常会被理解为不想与之深谈，不愿与之结交。碰上熟人，也应当问候。如果视而不见，不置一词，则显得自己妄自尊大。

比较常见的问候词有：“早上好”“下午好”“晚上好”“您好”“很高兴认识您”“请多指教”“请多关照”等。

跟初次见面的人寒暄，最标准的说法是：“您好”“很高兴能认识您”“见到您非常荣幸”。比较文雅一些的用词，可以说：“久仰”“幸会”。要想显得亲近一些，也可以说：“早听说过您的大名”“某某经常跟我谈起您”，或是“我早就拜读过您的大作”“我听过您作的报告”，等等。

跟熟人寒暄，用语则不妨显得亲切一些，具体一些。西方人爱说：“嗨！”中

国人则爱说“去哪儿”“忙什么”“身体怎么样”“家人都好吧”“好久没见了”“又见面了”，也可以讲：“你气色不错”“您的发型真棒”“您的小孙女好可爱呀”“今天的风真大”“上班去吗”等等。

问候语不一定具有实质性内容，而且可长可短，需要因人、因时、因地而异。问候语应当删繁就简，不要过于程式化。问候语应带有友好之意，敬重之心，既不容许敷衍了事般地打哈哈，也不可嘲弄对方。禁用“瞧您那德性”“喂，您又长膘了”等话语来问候他人。

为了避免误解，统一而规范，在社交场合中应以“您好”“忙吗”为问候语，最好不要乱说。

问候时，切忌牵涉个人私生活、个人禁忌等方面。例如，一见面就问候人家“跟老婆离了没有”，或是“现在还吃不吃药”，这些都是会引起别人反感的问候。

特殊环境下的问候

在路上相遇的时候，边走边打招呼的情况也常出现，但是遇到朋友或者很亲密的熟人，就要停下来，身体面对对方打招呼。

你在座位上时，上司找你说话，回答问话的时候不要坐在座位上，要站起来。

偶遇不知姓名只是面熟的人。在问过“您好”之后，可以说一些无关紧要的关于天气等方面的话题，还可以称赞对方“您的包真漂亮”“发型很漂亮”等等。

在洗手间或电梯里与人目光接触。即使是第一次见面，目光接触的一瞬间，眼露微笑，也会使凝重的气氛变得温馨起来。

在街上偶遇朋友时，要见机行事。是不是立刻就上前打招呼，要看当时对方的情况，如果感觉不适合打扰对方，那就不要勉强，不打招呼，对方也是能理解的。如对方独自悲伤时，或看到一贯打扮得很漂亮的女性这次不加修饰地去购物了，或在外面看到了自己公司的人在谈恋爱，在对方还没有注意到自己时，悄悄地离开，也是一种关怀。

发现前方有熟人时，打招呼的时候不要从身后喊对方，应该从对方的身边绕到前面再问候。突然从身后上来就拍肩膀是不礼貌的，惊吓到对方更是失礼。

感谢要真心

表示感谢，最重要的莫过于要真心实意。为使被感谢者体验到这一点，一定要认真、诚恳、大方。话要说清楚，要直截了当，不要连一个“谢”字都讲得含混不清。表情要加以配合，要正视对方的眼睛，面带微笑。必要时，还须与对方握手致意。

得到他人夸奖的时候，应当说“谢谢”。这既是礼貌，也是一种自信。切忌用“瞎说”“不怎么样”“哪里哪里”“谁说的”“少来这一套”这些词语来回应别人的称赞。

获赠礼品与受到款待时，别忘了郑重其事地道谢，“劳驾了”“让您费心了”“我非常喜欢您送的礼物”等都是非常合适的谢语。

得到了别人的帮助后，应该用“实在过意不去”“麻烦您了”“感谢您的帮助”等语句表示谢意。

感谢他人也有一些常规可以遵循。在方式方法上，有口头道谢、书面道谢、托人道谢、打电话道谢之分。一般来讲，当面口头道谢效果最佳。专门写信道谢，如获赠礼品、赴宴后这样做，也有很好的效果。打电话道谢，时效性强一些，且不易受干扰。托人道谢，除非是所托之人亲自出面道谢，否则效果就差一些了。

如果是正式表示感谢，通常应当加上被感谢者的称呼。例如：“马小姐，我专门来跟您说一声‘谢谢’”“许总，多谢了”。越是这样，越显得正式。

表示感谢，有时还有必要提一下致谢的理由。比如：“易先生，谢谢您上次在制作广告方面的帮助”，免得对方感到空洞或想不起你感谢的缘由而不好回应。

道歉要诚恳

打扰对方或向对方致歉要用“对不起”“请原谅”“很抱歉”“请稍等”“请多包涵”等词语；接受对方致谢、致歉时应该用“别客气”“不用谢”“没关系”“请不要放在心上”等词语回应。

在商务交往中，需要掌握的道歉的技巧，有下面几点。

◎ 道歉语应当文明而规范。有愧对他人之处，应该说“深感歉疚”“非常惭愧”；渴望别人谅解时应该说“多多包涵”“请您原谅”；一般的道歉场合，则可以讲“对不起”“很抱歉”“失礼了”。

◎ 道歉应当及时。知道自己错了，就要马上说“对不起”。

◎ 道歉应当大大方方，堂堂正正，不要遮遮掩掩，也不要过分贬低自己。

◎ 有些道歉的话当面难以启齿，写在信上寄去或是送上一束鲜花，婉言示错。通常这类借物表意的道歉会有很好的反馈。

祝贺要热情

祝贺，就是向他人道喜。每当他人在工作与生活上取得了进展，或是恰逢节日喜庆之时，对其致以热烈且富有感情色彩的吉语佳言，会使对方的心情更为舒畅，双方的关系更为密切。

祝贺的方式有多种多样。口头祝贺、电话祝贺、书信祝贺、传真祝贺、贺卡祝贺、贺电祝贺、点播祝贺、赠礼祝贺、设宴祝贺等等，都有自己特定的适用范围。在多数情况下，几种方式也可以同时并用。

一般说来，口头祝贺是商界人士用得最多的一种祝贺方式。它在总体上的礼仪要求，一是要简洁、热情、友善、饱含感情色彩，二是要区分对象，回避对方忌讳的内容。

通常，口头上的祝贺用以下一些约定俗成的词语：“恭喜”“我真为您而高兴”“事业成功”“学习进步”“工作顺利”“身体健康”“心情愉快”“生活幸福”“阖家平安”“心想事成”“恭喜发财”之类的吉祥话。

在祝贺开业时，应该说“事业兴旺”“大展宏图”“日新月异”“生意兴隆”“财源茂盛”；祝贺生日时，除了“生日快乐”可广泛使用外，“福如东海，寿比南山”这种祝词只适用于老年人，不宜对年轻人尤其是孩子们讲。

对新婚夫妇，应该使用“天长地久”“比翼齐飞”“白头偕老”“百年好合”“互敬互爱”“早生贵子”之类的祝贺语。

有些祝贺的话本意不错，但可能犯一些人的忌讳，应该回避。比如，不要祝即将乘飞机的人“一路顺风”，因为这对飞机飞行有碍。香港人不爱听别人祝他“快乐”，因为在粤语里，“快乐”与“快落”的发音一样，显得不吉利。

告别忌唐突

告别是人际交往中的重要时刻，如果告别能留给人美好的印象和久远的回味，对日后的交往和友情是很有益处的。按照常规，道别应当由来宾率先提出来，假如主人首先与来宾道别，难免会给人以厌客、逐客的感觉。

礼貌的告别应该经过以下的过程。

在告别前略有一点铺垫，使对方对告别有一个思想准备，否则突然说“我要走了”，就显得唐突而失礼了。

在告别时应该适度寒暄，如对长者、师者表示问候，请对方保重身体等。对待同辈朋友，可以问候其父母，祝其安康。也可根据实际情况，向对方表达良好的祝愿。

采用挥手告别的正确做法是：身体站直，不要摇晃和走动，目视对方，不要东

张西望，可高扬右手，也可双手并举，但不要只用左手挥动，手臂要尽力但显得自然地向前伸，不要举得过低，也不能过分的弯曲。掌心要向外，指尖要朝上，手臂要左右挥动，如用双臂道别，两手要同时由外侧向内侧挥动。

不少人告别的前期礼仪都做得不错，但是到了最后关头却会失礼。对方刚上车，或步行还不很远的时候，送别者一转眼就不见了，这会使人感到很扫兴。应该在对方远去以后，送别者才离去，那样在礼数上才算周全。

如果主人送至车前，在道别的时候，客人在车内坐好后要将车窗摇下来与主人告别致意。

作为主人，在道别时，应当特别注意四个环节：一是应适当加以挽留；二是应当起身在后；三是应当伸手在后；四是应当相送一程。

常用告别语有三种类型。

主客之间的告别语

客人向主人告别时，应该说“请回”“请留步”“就此告辞”“后会有期”等，主人则以“慢走”“走好”等话语回应。如果客人是远行，可说“祝你一路顺风”“一路平安”“代问 ×× 好”“多多保重”等告别语。

熟人之间的告别语

如果两家距离较近，可说“有空再来”“有时间来坐坐”“有空来喝茶”等，也可说“代问家人好”以示礼貌。

“再见”

这是当今比较通用的告别语，适用于大部分场合的告别。

专家提示

教你22个常用礼仪客套词

初次见面说“久仰”，分别重逢说“久违”，
征求意见说“指教”，求人原谅说“包涵”，
求人帮忙说“劳驾”，求人方便说“借光”，
麻烦别人说“打扰”，向人祝贺说“恭喜”，
求人解答用“请问”，请人指点用“赐教”，
托人办事用“拜托”，看望别人用“拜访”，
赞人见解用“高见”，宾客来临用“光临”，
送客出门说“慢走”，与客道别说“再来”，
陪伴朋友说“奉陪”，中途离开说“失陪”，
等候客人用“恭候”，请人勿送叫“留步”，
欢迎购买叫“光顾”，归还物品叫“奉还”。

CHAPTER

2

商务礼仪
第二章

BUSINESS ETIQUETTE

职场中是讲求效率的，在商务活动中，遵守商务礼仪能帮助你有效地获得机会和成功。我在美国时，对此有很深的感触。一次，我的好朋友、美国一家著名保健品公司总裁计划带我去见一家投资银行的负责人，约见的时间是第二天上午8点30分。前一天，他会告诉我什么时间来接我、路途需要多长时间。我印象最深的是，他预留了5~10分钟提前到达的时间。他说我们需要稍微早一点到，这样才不会因为堵车等缘故晚到。第二天，果然他准时来接我，我们到达后稍稍等待了一下，在8点30分准时走进了办公室。而那位投资银行负责人也准时在办公室里迎候我们，大家明朗而热情地问候着，一个愉快的商务会谈在有条不紊的安排中开始了。

这件小事看起来很不起眼，却给我留下了深刻印象。不是几分钟时间的问题，其实是有着良好商务修养的人士表现出的一种必然习惯。习惯是什么？习惯是一种惯性，是一种修养。人们都容易接纳好的习惯，好的习惯能帮你建立良好的人际关系，得到他人的喜爱和尊重。

良好的商务礼仪的原则不仅是尊重对方、给予对方必要的礼貌和礼节、增加彼此交往的愉悦度，更重要的是，学会和应用商务礼仪，通过言谈举止等细节，表现出你的个人素质和品质，提升彼此的信任度和接受度，这对商务人士来讲是至关重要的。

一、电话礼仪：看不见的隐形讯号

鸿雁传书、飞马送信，这些都已是古代浪漫又辛苦的故事。随着科技的发展，现代人的沟通和交往在极大程度上已经依赖于各式各样的便捷通讯工具，电话就是其中一种。除了无法亲眼见到对方，打电话和面对面的谈话相差无几，但也正因为“只闻其声，不见其人”的特性，人们在接打电话时一不留神就会给对方留下不良印象。而一次成功的电话沟通又往往具有神奇的力量。我有一位脾气急躁的朋友曾因为收到的施工图不合规范，工期紧迫，怒气冲冲地打电话去质问设计单位。接电话的是一位女性，她一听出了这么大的问题也十分焦急，但是仍然保持语气平和、语速平缓，声音清柔，条理清晰简洁，通话没几分钟，我朋友的火气就像夏天的燥热遇到一场清凉细雨一样被熄灭了。有了良好明快的沟通氛围后，他们很快找到了妥善的解决方法。

随着商务交往越来越离不开电话这一便捷的通讯工具，电话礼仪在商务礼仪中的地位愈发重要。虽然来电者看不到你手拿电话听筒时的样子，但他们可以从讲话的口吻中感受到你的素质和状态。此外，还要注意，商务电话切忌语速过快，或将一些专业用语、自己公司常用的省略语原封不动地说给对方听，这会让对方难以理解，为双方的商务交往制造不必要的障碍。

1. 座机电话礼仪：拨打接听守规矩

使用座机时，拨打与接听都有相应的礼仪。

五点细节打电话

要选择对方方便的时间

不要在他人的休息时间内打电话，每天上午 7 点之前、晚上 10 点之后、午休和用餐时间都不宜打电话。

打电话前要搞清地区时差以及各国工作时间的差异，不要在休息日打电话谈生意，以免影响他人休息。即使客户已将家中的电话号码告诉你，也尽量不要往家中打电话。

打公务电话，不要占用他人的私人时间，尤其是节假日时间。

非公务电话应避免在对方的通话高峰和业务繁忙的时间段内拨打。

先说“你好”

打电话时，需要先说“你好”，声音清晰、明快。商务电话只有在确认信号好坏的情况下，才能开口喊“喂”，其他情况，均为禁例。

专家提示

拨打电话前应做哪些准备?

在打电话之前，要将所讲事情的要点写在纸上，准备好相关资料，避免打电话时有所遗忘。为了告知自己忘记说的事情，又重新打电话给对方，会多次打断对方的工作，给对方带来麻烦。

错误的接电话姿势。

要长话短说

这里，要特别强调“三分钟原则”。所谓“三分钟原则”是指：打电话时，拨打者应自觉地、有意识地将每次通话时间控制在三分钟内，尽量不要超过这个限定。对通话时间的基本要求是：以短为佳，宁短勿长，不是十分重要、紧急、烦琐的事务一般不宜通话时间过长。

规范内容

准备充分　最好把对方的姓名、电话号码、通话要点等内容列出一张清单，这样可以避免在谈话时出现缺少条理、现说现想的问题。

内容简明扼要　电话接通后，除了首先问候对方外，别忘记自报单位、职务和姓名。请人转接电话，要向对方致谢。电话中讲话一定要务实，最忌讳吞吞吐吐、含糊不清。寒暄后，就应直奔主题。

适可而止 要说的话已说完，就应果断终止通话，不要话已讲完，仍然反复铺陈、絮叨。那样的话，会让对方觉得你做事拖拉，缺少素养。

注意举止

打电话时，不要把电话夹在脖子上，也不要趴着、仰着、坐在桌角上，更不要把双腿高架在桌子上。

不要以笔代手去拨号。

话筒与嘴的距离保持在 3 厘米左右，嘴不要贴在话筒上。

挂电话时应轻放话筒，不要用力一摔，这样很可能会引起对方不快。

专家提示

谁先挂电话？

商务通话时，原则上应该由打来电话的一方先挂断电话。放下话筒时，务必注意轻放。

挂断电话的方法不可轻视。将话筒胡乱抛下，是对接听电话一方的极大不敬。电话被挂断之前，对方一直都把听筒贴在耳朵上，“咔嗒”一声巨响，会使对方心情不悦。

礼貌耐心接电话

接听电话最重要的是注意三点，一是要及时接听，铃响不要超过三声；二是要有礼貌，要自报家门，并向对方问候；三是要有耐心，对打错电话者不要训斥。

此外，接听电话时还有以下一些方面的礼仪需要注意。

第二声铃响接电话

电话铃声响起后，应尽快接听。但也不要铃声才响过一次，就拿起听筒，这样会令对方觉得很突然，而且容易掉线，一般应在第二声铃响之后立即接听。电话铃声响过许久之后才接电话，要在通话之初向对方表示歉意。

在礼貌问候对方之后，应主动报出公司或部门名称以及自己的姓名，切忌拿起电话劈头就问："喂，找谁？"同样，来电话的人需要留言也应以简洁的语言清晰地报出姓名、单位、回电号码和留言。

结束电话交谈时，通常由打电话的一方提出，然后彼此礼貌地道别。无论什么原因电话中断，主动打电话的一方应负责重拨。

专家提示

"稍候片刻"是多久？

如果跟对方说："请稍候片刻。"这"片刻"若超过了30秒，会让打来电话的人觉得时间过得很久，容易引起对方的不快。

注意语调

用清晰而愉快的语调接电话，能显示出说话人的职业风度和可亲的性格。虽然对方无法看到你的面容，但你的喜悦或烦躁仍会通过语调流露出来。打电话时语调应平稳柔和，这时如能面带微笑地与对方交谈，可使你的声音听起来更为友好热情。千万不要边打电话边嚼口香糖或吃东西。

从自己这方来说，都希望对方声音清晰、吐字清楚、速度适中。但有时没有注意到自己讲话的声音非常小，有的发音还不太清楚。如果是电话的原因，应及时换个电话，以免总是听不清楚，会引起对方不满。

分清主次

接听电话时不要与其他人交谈，也不能边听电话边看文件、电视，甚至是吃东西。

在会晤重要客人或举行会议期间有人打来电话，可向其说明原因，表示歉意，并承诺稍后联系。

接听电话时，千万不要不理睬另一个打进来的电话。可向正在通话的一方说明原因，要其稍候片刻，然后立即去接另一个电话。待接通之后，先请对方稍候，或过一会儿再打进来，随后再继续刚才正在接听的电话。

专家提示

电话中怎样说清事情?

要讲的事需从结论说起，将要点简洁无误地告诉对方，说话逻辑要清楚。遇有数字或专用词汇，应重复述说，避免出差错。

接电话时，要以“你好，某某公司”开始。商务电话只有在确认信号好坏时才会说“喂”，其他情况，均为禁例。

及时回复电话留言

在商业投诉中，投诉不能及时回电话是最为常见的。为了不丧失每一次商务机会，有的公司甚至做出对电话留言须在一小时之内答复的规定。一般应在 24 小时之内对电话留言给予答复，如果回电话时恰遇对方不在，也要留言，表明你已经回过电话了。如果自己确实无法亲自回电，应托付他人代办。

恰当地使用电话

在美国，你可以通过电话向一个素不相识的人推销商品，而在欧洲、拉美和亚洲国家，电话促销或在电话中长时间地谈生意会让人难以接受。发展良好商务关系的最佳途径是与客户面对面地商谈，而电话主要用来安排会见。当然一旦双方见过面，再用电话往来就方便多了。

代接电话要细心

在工作场合接听来电时，有时会遇到这样的情况：需要接听电话的人不在，自己成为代接者。代接、代转电话时，要注意以礼相待、尊重隐私、传达及时等问题。

以礼相待

接电话时，不要因为对方所找的人不是自己就显得不耐烦，以“他人不在”来打发对方。即使被找的人真的不在，也应友好地答复：“对不起，他不在，有什么需要我转达的吗？”

尊重隐私

代接电话时，不要询问对方与所找之人之间的关系。如果对方要找的人离自己较远，不要大声召唤。别人通话时，不要旁听，不要插嘴。当对方希望转达某事给某人时，千万不要把此事随意扩散。

准确记录

对方要找的人不在时，应向其说明，询问对方是否需要代为转达。如对方有此请求时，应照办。对方要求转达的具体内容，最好认真做好笔录。对方讲完后，应重复确认一遍，以免误事。记录的电话内容包括通话者单位、姓名、通话时间、通话要点、是否要求回电话以及回电话的时间等等。

及时传达

代接电话时，先要弄清楚对方是谁，要找谁。如果对方不愿讲第一个问题，不必勉强。对方要找的人不在，可据实相告，然后再询问对方“有什么事情”。注意，这二者的先后次序不能颠倒。答应对方代为传话，就要尽快落实，不要把自己代人转达的内容，托他人转告。

专家提示

如何转接电话？

接到需要转给别人的电话，一定要按下保留键后再转过去。因为即使用手捂紧话筒，自己这边的讲话声音也会传出去，对方有可能听到。即使接电话的人近在咫尺，也要习惯性地先按下保留键，然后再将电话转移给他。

对对方的称呼一定要用敬语，讲话时态度要谦恭热情。休息时间如果有电话打进来，四周的人注意不要大声喧哗。

2. 拨打手机礼仪：随时的沟通，随时的礼仪

使用手机时，更应讲究礼仪。

别把手机当饰物

携带移动通信工具，应将其放在适当的位置，总的原则是既要方便使用，又要合乎礼仪。

手机放置的常规位置

◎ 可以放在随身携带的公文包内。

◎ 可以放在上衣口袋内，尤其是上衣内袋中，但注意不要影响衣服的整体外观。

◎ 不要在不使用时将其握在手里，或是将其挂在上衣口袋外面。

暂放位置

有时不方便把手机放在上述的常规位置时，可以稍作变通。

◎ 参加会议时，可将手机暂交给秘书或会务人员代管。

◎ 与人坐在一起交谈时，可将手机放在手边、身旁、背后等不起眼的地方。

◎ 把手机挂在脖子上、腰上或握在手上，均不雅观。手机最好还是放在包中或口袋内。

公共场合怎样用手机

在公共场合使用手机时，注意不要给他人带来“听觉污染”。

◎ 不要在公共场合，尤其是楼梯、电梯、路口、人行道等人来人往处旁若无人地大声讲话。

◎ 在开会、会见等聚会场合，不能当众使用手机，以免给别人留下用心不专、不懂礼貌的坏印象。

使用手机的安全问题

使用手机时，在某些地方必须牢记安全准则。

◎ 开车时，不要使用手机通话或查看信息。

◎ 不要在加油站、面粉厂、油库等处使用手机，免得手机所发出的电磁波引起火灾、爆炸。

◎ 不要在病房内使用手机，以免手机信号干扰医疗仪器的正常运行，或者影响病人休息。

◎ 不要在飞机飞行期间使用手机，以免给航班带来危险。

◎ 最好不要在手机中谈论商业秘密或涉及国家安全的机密事件，因为手机容易出现信息外漏，产生不良后果。

二、位次礼仪：前后左右体现高低尊卑

我曾经碰到过这样一件事：一次陪同一位重要的客人参加商务谈判，谈判进行得很顺利，双方初步达成了合作意向。之后主人举行了一个小型餐宴，这位客人作为贵宾一直受到殷勤周到的接待，但当被热情地引到餐桌前就座时，却被安排在了最下座。结果，用餐时的气氛让人感到不那么融洽，最后合作协议也不了了之。

良好的礼仪能够增强彼此交往的认可度和信任度，而位次是商务礼仪的重要部分，反映出个人或公司的基本素养，是规模较大的公司或者高端人士需要特别注意的。通过恰当妥善的位次安排，来宾能感受到被认可和尊重的地位，以及招待方细致的工作作风和态度。有时候，往往因为座位没有摆好摆对，摆上再好的鱼翅和燕窝都是没有用的。

有静就有动。相对于静止的座次礼仪，社交中，在陪同、接待来宾或领导时，行进时的位次也是十分重要的。

1. 行进礼仪：优先次序要掌握

在涉外场合，有关行进的礼仪，基本上可以分为步行礼仪、乘车礼仪和乘机礼仪这三个主要方面。

走出你的好仪态

注意步行时的仪态。行走时，每个人都应注意自己的仪态与风度，要做到仪态优雅、风度不凡。行走时的基本姿态是：脊背与腰部伸展放松，脚跟先着地。具体注意下面五个细节。

◎ 行走时应当上身挺直，目视正前方。

◎ 行进时应当将腿伸直，要做到这一点，就要使膝盖伸直。

◎ 走路时应当将注意力集中于后面的脚，并且使前脚脚跟首先触地。

◎ 步行时应当保持一定的、相对稳定的节奏，不论是步幅、步速还是双臂摆动的幅度，均须注意此点。

◎ 应当保持一定的方向。从理论上讲，行走的最佳轨迹，应当是双脚后跟落地之后恰成一条直线。

专家提示

行进时如何安排位置？

与客人并排行进和单行行进时，有不同的做法。并排行进的要求是中央高于两侧，内侧高于外侧，一般情况下，应该让客人走在中央或者内侧。与客人单行行进，即成一条线行进时，标准的做法是前方高于后方，以前方为上，如果没有特殊情况，应该让客人在前面行进。

步行时的五个细节

◎ 忌行走时与他人相距过近，避免与对方发生身体碰撞。万一发生，务必及时向对方道歉。

◎ 忌行走时尾随于他人身后，甚至对其窥视、围观或指指点点。在不少国家，此举会被视为“侵犯人权”。

◎ 忌行走时速度过快或者过慢，以免妨碍周围人的行进。

◎ 忌一边行走一边连吃带喝，或是吸烟不止。那样不仅不雅观，而且还会有碍于人。

你走在楼梯的哪一边

上下楼道是在商务交往中经常遇到的情况，简单地说，上下楼时应单行行进，以前方为上。但需要注意一点，男女同行上下楼时，宜女士居后。上下楼时因为楼道比较窄，并排行走会妨碍其他人，因此没有特殊原因，应靠右侧单行行进。

在客人不认路的情况下，陪同引导人员要在前面带路。陪同引导的标准位置是左前方 1~1.5 米处，一步之遥，别离太远，也别离太近，太近容易发生身体上的碰撞。原则上，应该让客人走在内侧，陪同人员走在外侧。我国道路行进规则是右行，实际上靠墙走是客人在里面，陪同人员在外面，这样客人受到的骚扰和影响少。

行进时，身体侧向客人，用左手引导。如果完全背对客人，这是不太礼貌的。

专家提示

上下楼时如何站位?

单行行进时，前方位次应高于后方，以前方为上。一般情况下，应该让客人走在前面，把选择前进方向的权利交给客人。

有一点需要注意，如果陪同接待女宾的是一位男士，而女宾又身着短裙，这种情况下，上下楼时，接待的陪同人员要走在女宾前面，以免短裙“走光”，避免尴尬。

电梯空间里的位置

现在，很多写字楼中都配有电梯，进入有人值守和无人值守的电梯时，需要遵守不同的礼仪规则。

出入有人控制的电梯

出入有人控制的电梯，陪同者应后进后出，让客人先进先出。把选择方向的权利让给地位高的人或客人，这是走路的一个基本规则。当然，如果客人初次光临，对地形不熟悉，还是应该为他们指引方向。

出入无人控制的电梯

出入无人控制的电梯时，陪同人员应先进后出，并控制好按钮。电梯在楼层停留时间一般设定为30秒或者45秒。有时客人较多，导致后面的客人来不及进入电梯，所以陪同人员应先进电梯，控制好开关钮，让电梯门保持较长的开启时间，避免给客人造成不便。但如果感觉电梯里可能会超员的时候，就要请客人先上，如果自己上电梯后超员的铃声响起，自己应迅速地出来。此外，如果有个别客人迟迟不进入电梯，影响了其他客人，在公共场合也不应该高声喧哗，可以利用电梯的唤铃功能提醒他。

如果电梯里人很多，自己的位置不方便按电梯钮，可以对靠近电梯门的人说："能否请您帮我按下某层的按钮？"别人帮你按了之后，你应该面带笑容说："非常感谢。"

出电梯的时候，如果人很多，要对周围的人说"对不起，我要出去"。和在公交车里一样，站在门口的人为了不妨碍里面的人出去，可以先走出电梯让出空间。

1 2

1. 进入电梯，一手按“开门”按钮，一手拦住电梯侧门，礼貌地说“请进”。
2. 到达目的楼层后，一手按住“开门”按钮，另一只手做出请的动作，可说：“到了，您先请！”

与客人共乘电梯要注意的礼仪

陪同客人或长辈来乘电梯门时，先按电梯呼梯按钮。轿厢到达厅门打开时，若客人不止一人，可先行进入电梯，一手按“开门”按钮，一手拦住电梯侧门，礼貌地说“请进”，请客人或长辈进入电梯轿厢。

进入电梯后，按下客人或长辈要去的楼层按钮。若电梯行进间有其他人员进入，可主动询问要去几楼，并帮忙按下按钮。电梯内可视情况是否寒暄，如没有其他人员时可略做寒暄，有外人或其他同事在时，可斟酌是否有必要寒暄。电梯内尽量侧身面对客人。到达目的楼层后，一手按住“开门”按钮，另一只手做出请的动作，可说："到了，您先请！"客人走出电梯后，自己立刻步出电梯，并热诚地为其引导行进的方向。

进出宾馆有讲究

不论是出差或旅行，我们都会入住宾馆，但宾馆并不是自己的家，它只是一个暂时租用的地方。所以有一些规定和礼貌是一定要注意的，这样才能体现出你的素养。

提前预约房间

需要住宾馆的时候，最好提前用电话预约。告诉宾馆服务员准备哪天进住、住几天、需要什么样的房间、申请住房人的姓名，并问清房价以及当天到达宾馆的大概时间。许多宾馆都会在一定的时间内保留预订。万一比预订时间到达晚得多，为避免被取消房间，要尽快用电话通知宾馆。另外，如果要取消房间，有礼貌的做法是及时打个电话取消，宾馆就可以把房间租给别人。

出入房间时的顺序

如果没有特殊原因，出入房间时应该是位高者先进或先出。如果有特殊情况，比如需要引导，室内灯光昏暗，男士和女士两个人单独出入房间，这时标准的做法应该是陪同接待人员先进去，为客人开灯、开门，出的时候也是陪同接待人员先出去，为客人拉门引导。

文明对待房间

房间并不是你的私有财产，从对待房间的态度，可以很容易看出你的修养。

出门在外要有安全意识，进出房间要随手关门。有不少人进入房间后，门虽然锁了，但门的保险链却总是忘记挂好。到国外旅游时要特别注意，即使锁好了，也要再仔细检查一下，确保从外面打不开。

沐浴时，把围帘的下部放在浴缸里面，这样水就不会流到浴缸外而把地板弄湿。沐浴后，把自己落在浴缸里的头发拾起来。

2. 乘坐交通工具礼仪：让出行变得愉快

轿车是商务活动中最为常见的交通工具。有关乘坐轿车的礼仪，主要包括乘坐时的座次与礼待他人两个方面的内容。而轿车的类型不同，乘车时座次的排列也大为不同。

找准你在轿车中的座位

一般情况下，上下轿车时，应该让客人先上车，后下车。当然，如果很多人坐在一辆车中，谁最方便下车谁就先下车。乘坐轿车时，最重要的一个问题是轿车里位次的尊卑。轿车里的位次大体上有三种情况，不同情况有不同的讲究。

由前而后，自右而左

乘坐吉普车时，前排驾驶员身旁的副驾驶座为上座。车上其他的座次，由尊而卑依次为：后排右座，后排左座。

乘坐四排座或四排座以上的中型或大型轿车时，通常应以距离前门的远近来确定座次，离前门越近，座次越高；而在各排座位中，则又讲究“右高左低”。简单地讲，可以归纳为：由前而后，自右而左。

乘坐双排座或三排座轿车时，座次的具体排列，因驾驶员的身份不同，具体分为下面两种情况。

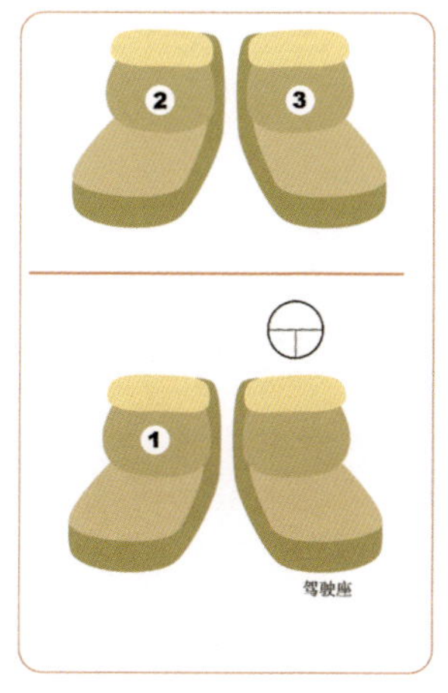

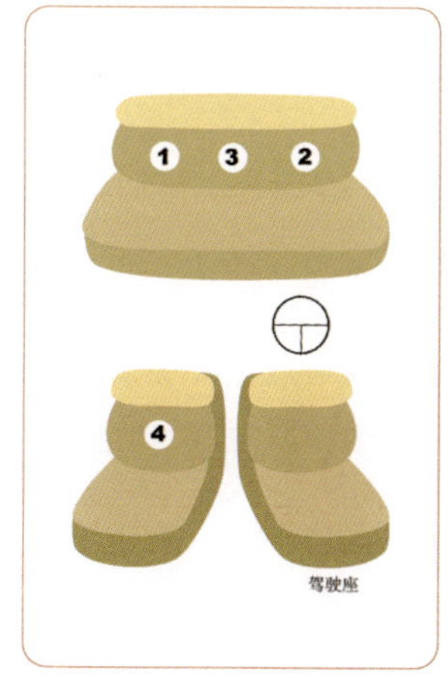

1 2

1. 吉普车位次。
2. 双排五座轿车位次。

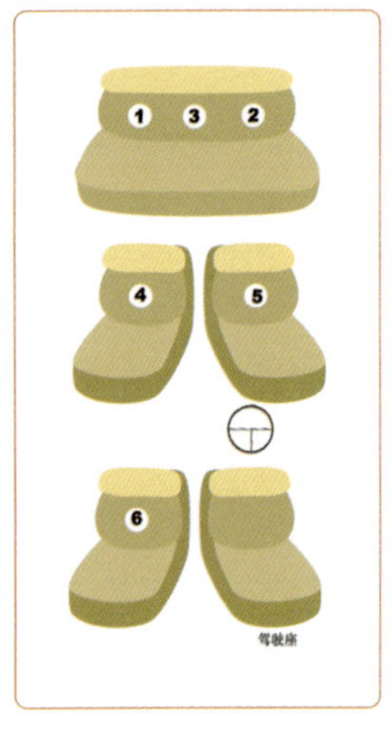

1 2

1. 三排七座轿车位次。
2. 三排九座轿车位次。

由车主亲自驾驶轿车

这种情况下，双排五座轿车上其他四个座位的座次，由尊而卑依次应为：副驾驶座、后排右座、后排左座、后排中座。

三排七座轿车上其他六个座位的座次，由尊而卑依次应为：副驾驶座、中排右座、中排中座、中排左座、后排右座、后排中座、后排左座。当主人亲自驾车时，若一个人乘车，则必须坐在副驾驶座上；若多人乘车，必须推举一个人在副驾驶座上就座，不然就是对主人的失敬。

由专职司机驾驶轿车

在这种情况下，双排五座轿车上其他四个座位的座次，由尊而卑依次应为：后排右座、后排左座、后排中座、副驾驶座。

三排七座轿车上，其他六个座位的座次，由尊而卑依次应为：后排右座、后排左座、后排中座、中排右座、中排左座、副驾驶座。

三排九座轿车上其他八个座位的座次，由尊而卑依次应为：中排右座、中排中座、中排左座、后排右座、后排中座、后排左座、前排右座、前排中座。

根据常识，轿车的前排，特别是副驾驶座，是车上最不安全的座位。因此，按惯例，在社交场合，该座位不宜请女性或儿童就座。在公务活动中，副驾驶座，特别是双排五座轿车上的副驾驶座被称为“随员座”，循例专供秘书、翻译、警卫、陪同等随从人员就座。

专家提示

乘坐轿车该怎样坐?

公务用车时，上座为后排右座。在平常的社交应酬中，上座为副驾驶座。接待重要客人时，上座为司机后面的座位，这是最基本的乘车礼仪。

乘车礼仪的三个问题

上下车的先后顺序

乘坐轿车时，按照惯例，应当请位尊者先上车，最后下车。位卑者应当最后上车，最先下车。在轿车抵达目的地时，若有专人恭候，并负责拉开轿车的车门，这时位尊者可以率先下车。

就座时相互谦让

在相互谦让座位时，除对位尊者要给予特殊礼遇之外，对待同行人中的地位身份相等者，也要以礼相让。倘若座位有尊有卑，座位所处的具体位置有好有坏，或者座位不够时，应当请妇女、儿童、老年人、残疾人或身体欠佳者优先就座。

即便不认识对方，在必要的时候，也应当自觉地让座于人。让座时，应当表现得大大方方，不要虚情假意。倘若对方让座于自己，不论是否认识，均须立即向对方致谢。

乘车时要律己敬人

乘车时，必须自觉遵守社会公德和公共秩序。对于自己，处处严格要求，对于他人，要友好相待。乘车时，不要多占座位，或在不属于自己的座位上就座。在放置私人物品时，注意不要影响到他人。

在车上切勿当众更衣、脱鞋或是吸烟、吐痰，不要乱扔废弃物。不要在车上吃气味刺鼻的食品。在放置私人物品时，如有必要挪动他人的物品，务必首先征得对方的同意。

做彬彬有礼的空中飞人

在所有正规的交通工具中，飞机最为舒适，档次也最高。乘坐飞机时，必须认真遵守乘机礼仪。

不能携带危险物品登机

乘机时不得违规携带有碍飞行安全的物品。通常规定：任何乘客均不得携带枪支、弹药、刀具以及其他武器，不得携带一切易燃、易爆、剧毒、放射性物质等危险物品。

登机时应当认真配合例行的安全检查。在进行安全检查时，每位乘客都要通过安全门，而其随身携带的行李则需要通过监测器。如有必要，对乘客或行李使用探测仪进行手工检查，这时不应当拒绝合作，或无端指责安检人员。

禁用电子仪器

飞行时务必遵守有关安全乘机的各项规定。当飞机飞行期间，一定要熟知并遵守各项有关安全乘机的规定。当飞机起飞或降落时，一定要自觉系好安全带，并且收起面前的小桌板，同时将座椅调直。

当飞机受到高空气流的影响而发生颠簸、抖动时，也要将安全带系好，切勿自行站立、走动。在飞行期间，严禁使用移动电话，违反者要受到法律制裁。

切勿乱摸、乱动飞机上的安全用品

飞机上的物品不要随意取拿，设备也不要乱摸。如果有特别需要就按座位旁边的按钮呼叫空乘人员，不要在机舱内大呼小叫。偷拿安全用品或私开安全门，不仅有可能犯法，还有可能危及自己和机上其他乘客的生命安全。

乘机时不要妨碍他人

上下飞机时，要对空乘人员点头致意或者问好，要注意依次而行。上机后不要抢座位，应该对号入座，坐卧的姿势以不妨碍他人为好。如果感到闷热可以打开座位上方的通风阀，也可以脱下外衣，切忌打赤膊，更衣需去洗手间。

不要在飞机上吐痰、吸烟，享用免费食

品也要量力而行，不要抱着不吃白不吃的心理。与他人交谈时，说笑声切勿过高。呕吐时，务必要使用专用的清洁袋 。对待客舱服务员和机场工作人员，要表示理解与尊重，不要蓄意滋事，或向其提出过高要求。

在飞机上放置自己随身携带的行李时，与其他乘客要互谅互让。当自己休息时，不要让身体触及他人，不要把腿脚乱伸乱放或是将椅背调得过低，以免妨碍到后面的人。

遇到飞机误点或改降、迫降时不要紧张，更不能向空姐发火。这个时候，不少人会表现得急躁火爆，这是不适宜的。

专家提示

飞机上与旁人交谈有哪些禁忌?

跟身边的乘客可以打招呼或是稍作交谈，但不应影响到对方的休息。不要盯视、窥视素不相识的乘客，也不要谈论令人不安的劫机、撞机、坠机等事件。

火车人多勿忘礼仪

提前至候车厅等候火车

因火车停靠时间短，因此乘火车要提前到火车站候车。在候车室等候时，要爱护候车室内的公共设施，不要大声喧哗，携带的物品要放在座位下方或前方，不抢占座位或多占座位，不要躺在座位上使别人无法休息。保持候车室内的卫生，不要随地吐痰，不要乱扔果皮纸屑。

在指定车厢排队上车

进入站台后，要站在安全线后面等候。要等火车停稳后，方可在指定车厢排队上车。上车时，不要拥挤、插队。乘火车一定要乘坐车票上所指定的车次，为了避免乘错车，在上车时最好再问一下乘务员，此趟列车是否是自己所要乘坐的。

照管好自己的行李

有次序地进入车厢，并按要求放好行李，行李应放在行李架上，不要放在过道上或小桌上。不要在车厢内吸烟，不随地吐痰，不乱扔果皮纸屑。

在座位上休息时，不要东倒西歪，不要躺卧在座席上。不要靠在他人身上，或把脚跷到对面的座位上。

专家提示

如何掌握上洗手间的时间？

在火车上使用公共盥洗间，只能做简单的洗漱，比如刷牙、用清水洗脸，女性最好不要在洗手间使用洗面奶洗脸或化妆，以免延长别人等待的时间。总之，在火车上使用公共盥洗间一定要速战速决。

乘地铁注意安全和形象

举止文雅候车

按照规定，候车时应该站在站台黄线后面。由于地铁轨道的电压高达800伏，一旦违反这项安全规定很可能将造成意外伤害。尤其是在列车进站时，违规前拥的行为更加危险，一定要遵守“按线候车，排队上车，先下后上”的文明礼仪规范。同时也要注意自己的言行举止，不要在站内大声喧哗，不要在站台上奔跑。

候车时，如果车站有椅子，可以坐下等候。如果没有椅子或座位已满，即使很想休息一下，也不要坐卧或蹲在站台上，因为这样的举止十分不雅，有损城市文明风貌。

有些人也许习惯靠着墙休息，但别忘了爱惜和维护公共设施，避免破坏或污染地铁站内的设施及环境。

得体地乘车

在乘坐地铁时，女性的坐姿要并拢膝盖，双腿若是斜放，可能会影响到旁边的人，包也要直立放在自己的膝盖上，双手扶住包的中央，这样看起来很优雅。

手持雨伞时，要靠近自己身体竖起来，因为雨伞尖朝外，很容易妨碍到别人。

与别人接触面少的两端的座位是车厢里的“一等席”，应该尽量让上司或者女性坐在两端的席位上。

弱势群体优先

排队上车时，如果遇到老人、病人、残疾人、孕妇和带小孩的妇女，应该礼让他们，让他们排到自己的前面。

专家提示

为何要空出左侧位置?

乘自动扶梯时，我们应该站在右侧，把左侧留出来给那些有急事、要赶路的人。在进入电梯、地铁或地下通道前，应该让出去的人先行。

公交车礼仪：注意礼让和秩序

上车要排队

如果等候公交车的人较多，应该自觉地以先来后到为顺序，排队候车，排队上车。排队时，应站在站台上，不要拥挤到马路上，妨碍交通。汽车进站后，要等车停稳了，才能按照排队顺序依次上车。不要蜂拥而上，挤作一团，更不能不排队乱插队。

上车后要主动向下车车门方向移动，待车到站停稳后再按顺序下车。上车时，要主动礼让他人，对行动不便的老人、孕妇、病人、残疾人以及儿童，要加以帮助。如果车太挤，上不去了，应该等待下一辆，不要扒门硬挤。

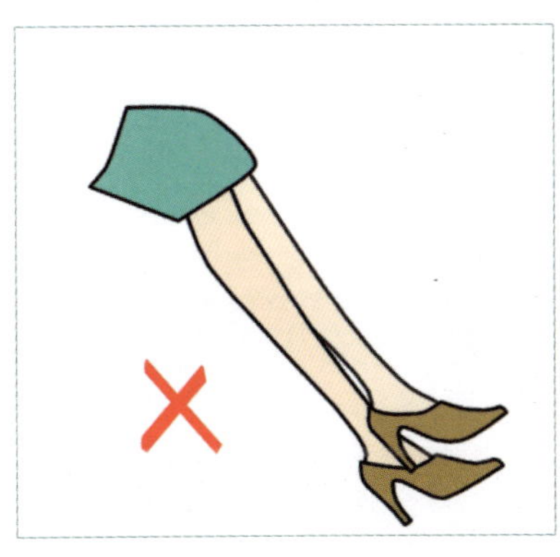

注意礼让

乘坐公交车时，如有可能，应与其他人的身体保持一定距离。不要把腿伸到过

道上，不要跷二郎腿。有人通过时，应主动相让。

在公交车上，应该把自己随身携带的物品放到适当的位置，不要让它占座位、挡路。尽量不要在车上吃东西，特别是那些汁水多或容易掉渣的东西，以免弄脏车厢或他人的衣物。此外，在车上吸烟、随地吐痰、乱吐口香糖或乱扔果皮纸屑杂物等，都是很不文明的行为。

下车应提前准备

下车要提前做准备，准备下车时，如需他人让路，应有礼貌地先打一声招呼，或说“借过”“劳驾”，不要默不作声地猛冲，更不要发脾气或出言不逊。万一自己不小心碰撞、踩踏了别人，应立即道歉。如他人因此向自己道歉，则应大度地表示“没关系”。

3. 会客位次礼仪：得体座次让客人温暖如春

会见客人时，对于让座的问题应予以重视。具体而言，在会见客人时，让座于人有两点需要注意：一方面，必须遵守有关惯例；另一方面，必须讲究主随客便。总体上讲，会客时，应当恭请来宾就座于上座。会见时的座次安排，大致有以下五种主要方式。

相对式

具体做法是宾主双方面对面而坐。这种方式显得主次分明，往往易于使宾主双方公事公办，保持距离。这种方式多适用于公务性会客，通常又分为两种情况。

双方就座后，一方面对正门，另一方背对正门 此时讲究“面门为上”，即面对正门之座为上座，应请客人就座；背对正门之座为下座，宜由主人就座。

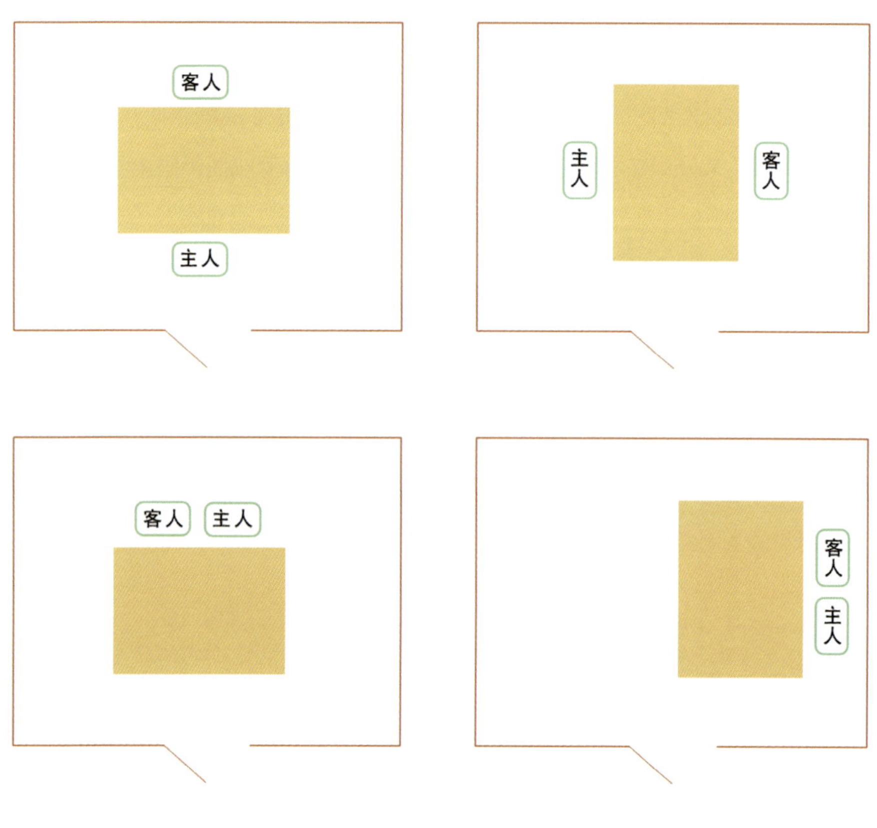

1 2 | 3 4
1. 相对式 1：面门为上。
2. 相对式 2：以右为上。
3. 并列式 1：以右为上。
4. 并列式 2：以远为上。

双方就座于室内两侧，并且面对面地就座 此时讲究进门后“以右为上”，即进门后右侧之座为上座，应请客人就座；左侧之座为下座，宜由主人就座。当宾主双方不止一人时，情况也是如此。

并列式

基本做法是宾主双方并排就座，以暗示双方“平起平坐”、地位相仿、关系密切。具体也分为两类情况。

双方一同面门而坐 此时讲究“以右为上”，即主人要请客人就座在自己的右侧。若双方不止一人时，双方的其他人员可分别在主人或主宾的一侧，按身份高低依次就座。

双方一同在室内的右侧或左侧就座 此时讲究“以远为上”，即距门较远之座为上座，应当让给客人；距门较近之座为下座，应留给主人。

居中式

所谓居中式排位，实为并列式排位的一种特例。它是指当多人并排就座时，讲究“居中为上”，即应以居于中央的位置为上座，请客人就座；以其两侧的位置为下座，由主方人员就座。

主席式

主要适用于正式场合，由主人一方同时会见两方或两方以上的客人。此时，一般应由主人面对正门而坐，其他各方来宾则应在其对面背门而坐。这种安排犹如主人正在主持会议，故称之为主席式。有时，主人亦可坐在长桌或椭圆桌的一端，而请各方客人坐在他的两侧。

自由式

自由式的座次排列，指会见时有关各方均不分主次、不讲位次，而是一律自由择座。自由式通常用在客人较多，座次无法排列，或者大家都是亲朋好友，没有必要排列座次时。进行多方会面时，常常采用此法。

4. 谈判位次礼仪：体现尊重和风度

所谓谈判，指的是有关各方为了各自的利益，进行有组织、有准备的正式协商及讨论，以便互让互谅、求同存异，以求最终达成某种协议的整个过程。

在商务交往中，为了表示谈判的严肃性，谈判时必须遵守规定的礼仪，以示尊重和严肃性。

谈判中以礼待人，更能体现出自身的修养与素质。一般而言，谈判的礼仪重点涉及谈判地点、谈判座次、谈判表现、签字仪式等具体方面。

协商确定合适地点

正式谈判中，具体谈判地点的确定很有讲究。它不仅关系到谈判的最终结果，而且还涉及礼仪的应用问题。从礼仪上讲，东道主应按照分工，自觉做好谈判现场的布置工作，以尽地主之责。

谈判座次讲求细节

举行正式谈判时，有关各方在谈判现场具体就座的位次，有非常严格的礼仪要求。从总体上讲，排列正式谈判的座次，可分为两种情况。

双边谈判

双边谈判，指的是由两个方面的人士进行的谈判。在一般性的谈判中，双边谈判最为多见。

双边谈判位次排列

双边谈判的座次排列，主要有两种形式可供酌情选择，一种是横桌式，一种是竖桌式。横桌式即谈判桌在谈判厅里横着摆放；竖桌式即谈判桌在谈判厅里竖着摆

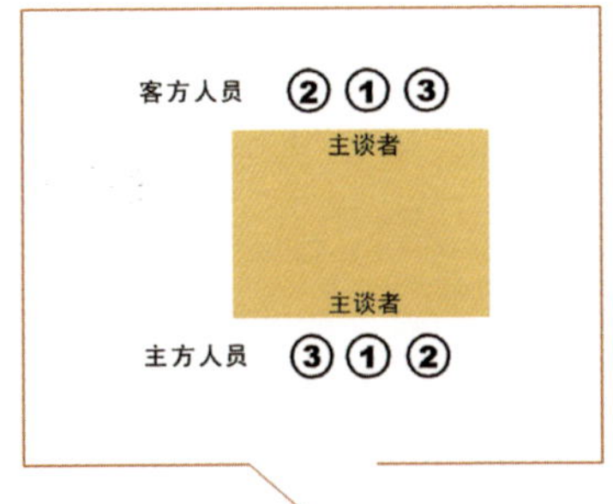

谈判座次：横桌式

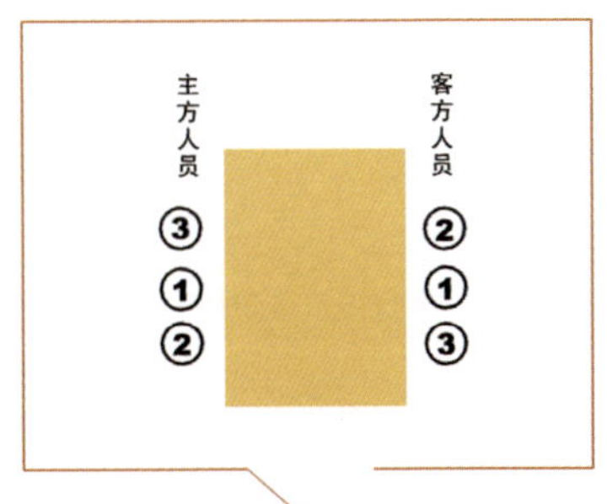

谈判座次：竖桌式

放。二者有相同之处，也有操作上的具体差异。

横桌式　横桌式座次排列，是指谈判桌在谈判室内横放，客方人员面门而坐，主方人员背门而坐。除双方主谈者居中就座外，双方的其他人士则应依具体身份的高低，以主谈人员为基准，先右后左、自高而低地分别在己方一侧就座。双方主谈者的右侧之位，在国内谈判中可坐副手，而在涉外谈判中则应由翻译就座

竖桌式　竖桌式座次排列，是指谈判桌在谈判室内竖放。具体排位时以进门时的方向为准，右侧由客方人士就座，左侧由主方人士就座。在其他方面，则与横桌式排座相仿。

归纳起来，双边谈判时位次排列有以下四个细节需要注意。

◎ 举行双边谈判时，应使用长桌或椭圆形桌子，宾主应分坐于桌子两侧。

◎ 如果谈判桌横放，面对正门的一方为上，应属于客方；背对正门的一方为下，应属于主方。

◎ 如果谈判桌竖放，应以进门的方向为准，右侧为上，属于客方；左侧为下，属于主方。

专家提示

双边谈判中其他人员怎样坐?

其他人员应遵循右高左低的原则，依照职位的高低自近而远地分别在主谈人员的两侧就座。假如需要翻译，应安排其就座于仅次于主谈人员的位置，即主谈人员的右侧。

◎ 进行谈判时，各方的主谈人员应在自己一方居中而坐。

多边谈判

多边谈判，是指由三方或三方以上人士所举行的谈判。多边谈判的座次排列，也可分为两种形式。

自由式 自由式座次排列，即各方人士在谈判时自由就座，无须事先正式安排座次。

主席式 主席式座次排列，是指在谈判室内，面向正门设置一个主席位，由各方代表发言时使用。其他各方人士，则一律背对正门、面对主席之位分别就座。各方代表发言后，亦须下台就座。

做有风度的谈判者

举行正式谈判时，谈判者尤其是主谈者的临场表现，往往直接影响到谈判的现场气氛。一般认为，谈判者的临场表现中，最为关键的是衣着规范、保持风度、礼待对手三个问题。

衣着规范

参加谈判时，一定要重视自己的穿着打扮。此举并非是为了招摇过市，而是为了表明自己对于谈判的态度和状态。

参加谈判前，应认真修饰个人仪表，这会为你形成一个良好的个人气场。正式谈判要选择端庄、雅致的发型，一般不宜染过于鲜艳的颜色。男士还应当剃须。出席正式谈判时，女士通常应当认真化妆。谈判时的妆容应当淡雅清新，自然大方，不可以浓妆艳抹。一般而言，选择深色套装、套裙，白色衬衫，并配以黑色皮鞋，才是最正规的。

保持风度

在整个谈判期间，每一位谈判者都应当自觉地保持风度。具体来说，在谈判桌上保持风度，主要注意以下两个方面。

心平气和　在谈判桌上，每一位成功的谈判者均应做到心平气和、处变不惊、不急不躁、冷静处事。在谈判中始终保持心平气和，是一位高明的谈判者所应保持的风度。

争取双赢　谈判往往是一种利益之争，因此谈判各方无不希望在谈判中最大限度地维护或者争取自身的利益。然而从本质上讲，真正成功的谈判，应当以妥协即有关各方的相互让步为其结局。

谈判不应当以“你死我活”为目标，而是应当使有关各方互利互惠，互有所得，实现双赢。在谈判中，只注意争利而不懂得适当地让利于人，只顾己方目标的实现而指望对方一无所得，既没有风度，也不会真正赢得谈判。

礼待对手

在谈判期间，一定要礼待自己的谈判对手。具体来讲，主要需要注意以下两点。

人事分开 在谈判中，必须明白双方之间的关系是“两国交兵，各为其主”。要正确地处理己方人员与谈判对手之间的关系，就是要做到人与事分别而论。也就是说，大家朋友归朋友，谈判归谈判。在谈判之外，对手可以成为朋友；在谈判之中，朋友也会成为对手，二者不要混为一谈。

讲究礼貌 在谈判过程中，不论身处顺境还是逆境，都不可意气用事、举止粗鲁、语言放肆、不懂得尊重谈判对手。

5. 签字仪式位次礼仪：体现双赢和承诺

签字仪式可分为双边签字仪式和多边签字仪式。签字仪式，通常是指订立合同、协议的各方在合同、协议正式签署时所举行的仪式。举行签字仪式，不仅是对谈判成果的一种公开化、固定化，也是有关各方对自己履行合同、协议所作出的一种正式承诺。

三种排座灵活用

从礼仪上来讲，举行签字仪式时，最基本的当属举行签字仪式时座次的排列方式。一般而言，举行签字仪式时，座次排列的具体方式共有三种基本形式，可根据不同的具体情况来选用。

并列式 并列式排座，是举行双边签字仪式时最常见的形式。基本做法是：签字桌在室内面门横放。双方出席仪式的全体人员在签字桌之后并排排列，双方签字人员居中面门而坐，客方居右，主方居左。

相对式 相对式签字仪式的排座，与并列式签字仪式的排座基本相同。二者之间的主要差别，只是相对式排座将双边参加签字仪式的随员席移至签字人的对面。

主席式 主席式排座，主要适用于多边签字仪式。其操作特点是：签字桌仍须在室内横放，签字席设在桌后，面对正门，但只设一个，并且不固定就座者。举行

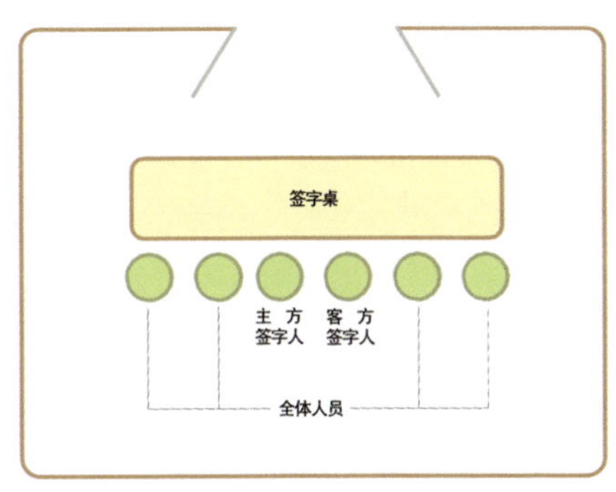

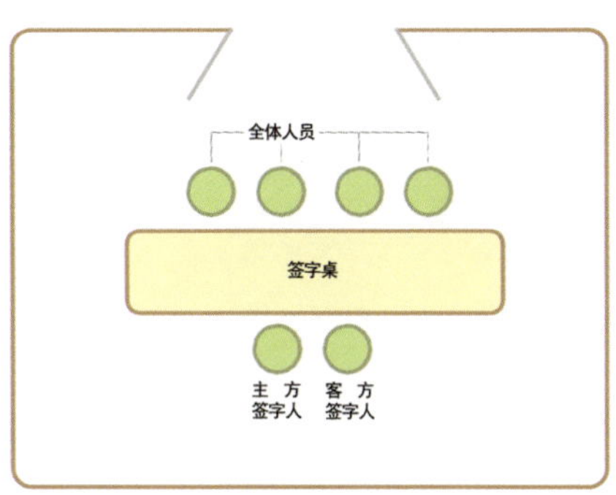

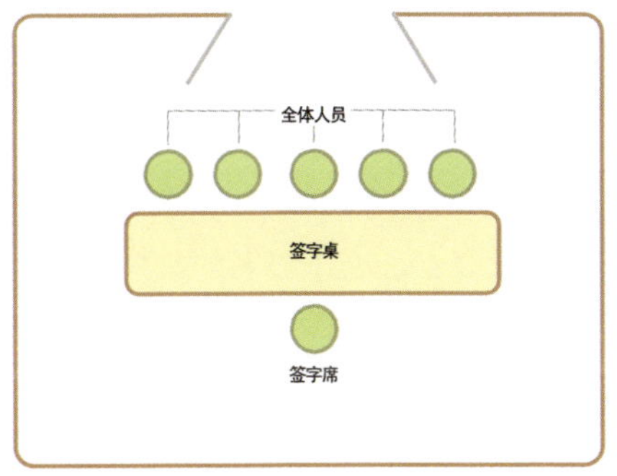

1. 签字仪式排座：并列式。
2. 签字仪式排座：相对式。
3. 签字仪式排座：主席式。

专家提示

签字能用圆珠笔吗?

签字仪式上，由于文件需要长久保存，签字时应用黑色的钢笔或签字笔，不宜用圆珠笔或其他色彩的笔。

仪式时，所有各方人员，包括签字人在内，皆应背对正门、面向签字席就座。签字时，各方签字人应以规定的先后顺序依次走上签字席就座签字，然后退回原位就座。

基本程序要遵循

公务人员在具体操作签字仪式时，可以依据下述基本程序进行运作。

宣布开始 此时，有关各方人员应先后步入签字厅，在各自既定的位置上正式就座。

签署文件 通常的做法是，首先签署应由己方保存的文本，然后再签署应由他方保存的文本。依照礼仪规范，每一位签字人在己方所保留的文本上签字时，应当名列首位。

因此，每一位签字人均须首先签署将由己方保存的文本，然后再交由他方签字人签署。此种做法，通常称为“轮换制”。它的含义是：在文本签名的具体顺序上，应轮流使有关各方均有机会居于首位一次，以示各方完全平等。

交换文本 各方签字人此时应热烈握手、互致祝贺，并互换刚才用过的签字笔，以示纪念。全场人员应热烈鼓掌，以表示祝贺之意。

饮酒庆贺　有关各方人员一般应在交换文本后饮上一杯香槟酒，并与其他方面的人士一一干杯。这是国际上所通行的增加签字仪式喜庆色彩的一种常规做法。

6. 会议座次礼仪：从上位开始

商务交往时的会议按规模划分，有大型会议和小型会议之分，座次排列有下面一些规则。

大型会议：排好前中右

大型会议应考虑主席台、主持人和发言人的位次。主席台的位次排列要遵循三点要求。

专家提示

上位是左还是右?

国际惯例是以右为尊，商务礼仪遵守的是国际惯例，一般以右为上，坐在右侧的人为地位高者。而在国内的政务交往中，往往采用中国的传统做法，以左为尊。

具体来说，不同类型的会议除了遵循上述礼仪规则外，还有一些具体的礼仪规范。会议类型通常分两种，洽谈会和茶话会，相应的也有不同的座次排列方式。

◎ 前排高于后排。

◎ 中央高于两侧。

◎ 右侧高于左侧（政务会议则为左侧高于右侧）。主持人之位，可在前排正中，也可居于前排最右侧。发言席一般可设于主席台正前方，或者其右方。

小型会议：选准主席位

举行小型会议时，位次排列需要注意两点。

◎ 讲究面门为上，面对房间正门的位置一般被视为上座。

◎ 小型会议通常只考虑主席之位，同时也强调自由择座。例如主席也可以不坐在右侧或者面门而坐，也可以坐在前排中央的位置，强调居中为上。

洽谈会议：礼仪与策略并重

洽谈会是重要的商务活动。一个成功的洽谈会，既要讲策略，更要讲礼仪。

专家提示

女性参加洽谈会该如何打扮？

要穿深色西装套裙和白衬衫，配肉色长筒丝袜或连裤式丝袜和黑色高跟、半高跟皮鞋。选择端庄素雅的发型，化淡妆。过于时尚的发型、染彩色头发、化艳妆或使用香气浓烈的化妆品，都不可以。

洽谈会的礼仪准备

安排或准备洽谈会时，应当注重自己的仪表，布置好场所、安排好座次，并且以此来显示对于洽谈的郑重其事和对洽谈对象的尊重。很多事实证明，是否做了充分准备可以使洽谈会的结果大不一样。

洽谈会是单位和单位之间的交往，所以应该表现出职业、干练、高效的形象。在仪表上要有严格的要求。

洽谈会的座次安排

在洽谈会上，不仅应当布置好洽谈厅的环境，预备好相关的用品，而且应当特别重视礼仪性很强的座次问题。只有小规模洽谈会或预备性洽谈会，才可以不用讲究座次问题。

举行双边洽谈时，应使用长桌或椭圆形桌子，宾主应分坐在桌子两侧。桌子横放，以面对正门的一方为上，属于客方。桌子竖放，以进门的方向为准，右侧为上，属于客方。

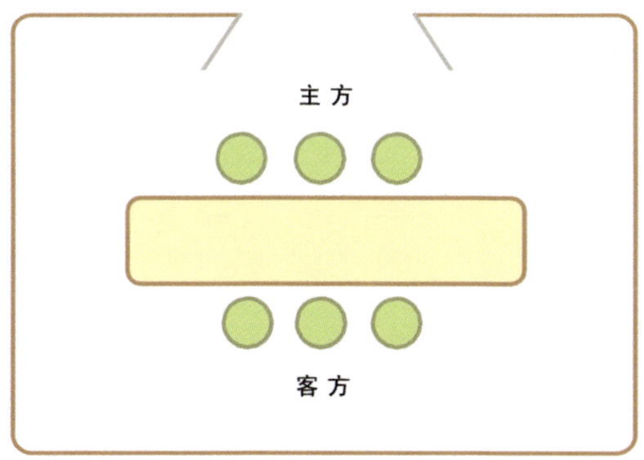

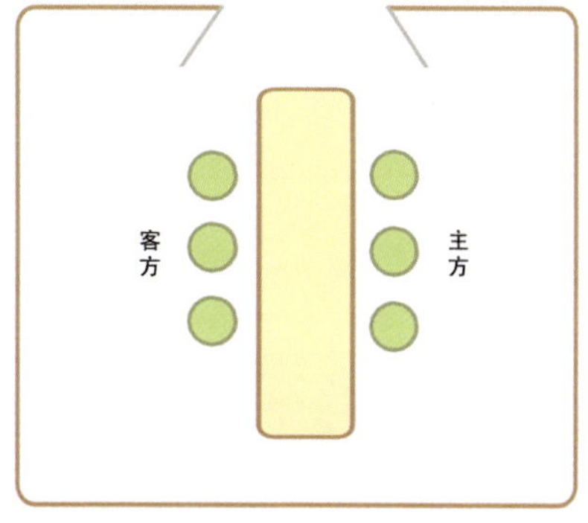

1 2

1. 双边洽谈座次：横桌式。
2. 双边洽谈座次：竖桌式。

专家提示

什么是圆桌会议?

举行多边洽谈时，按照国际惯例，一般要以圆桌为洽谈桌来举行“圆桌会议”。这样一来，尊卑的界限就被淡化。即便如此，在具体就座时，仍然讲究各方的与会人员尽量同时入场、同时就座。最起码主方人员不要在客方人员之前就座。

在进行洽谈时，各方的主谈人员在自己一方居中而坐。其余人员则应遵循右高左低的原则，依照职位的高低自近而远分别在主谈人员的两侧就座。如果有翻译，可以安排就坐在主谈人员的右边。

茶话会议：座次与气氛和谐

茶话会的座次排列方式主要有以下四种。

环绕式

环绕式座位不设立主席台，把座椅、沙发、茶几摆放在会场的四周，不明确座次的具体尊卑，与会者在入场后自由就座。这种安排座次的方式，与茶话会的主题最相符，也最流行。

散座式

散座式排位，常见于在室外举行的茶话会。座椅、沙发、茶几四处自由地组合，甚至可由与会者根据个人要求而随意安置。这样就容易创造出一种宽松、惬意的社交环境。

圆桌式

圆桌式排位，指的是在会场上摆放圆桌，请与会者在周围自由就座。圆桌式排位又分下面两种形式：一是适合人数较少的，仅在会场中央安放一张大型的椭圆形会议桌，请全体与会者在圆桌前就座；二是在会场上安放数张圆桌，请与会者自由组合就座。

主席式

这种排位是指在会场上，主持人、主人和主宾被有意识地安排在一起就座。

7. 宴会位次礼仪：双向礼仪

宴会的礼仪是一个双向的礼仪，就是说主人有主人的礼仪，客人有客人的礼仪，但是一般而言，宴会礼仪主要是主人和主办方的问题。

在正式的商务宴请中，位次的排列往往比菜肴的选择更为引人瞩目。宴会的位次排列涉及两个问题：桌次，不同餐桌位置的安排；位次，每张餐桌上具体的尊卑位次。

宴会桌次有“三上”

在正式宴会上，进餐者往往不止一桌。当出现两张以上的餐桌时，就出现了桌次排列的问题。这时，桌次排列的基本要求是：居中为上，以右为上，以远为上，即离房间正门越远，地位越高。正式宴会座次排列一般习惯把宾主交叉排列。

宴会位次的关键点

一张桌子上具体位次的排列需要注意以下三个关键点。

◎ 面门居中者为上，一般坐在面对房间正门位置上的人是主人，称为主位。

◎ 主人右侧的位置是主宾位。

◎ 宾主双方的其他赴宴者有时候不必交叉安排，可以令主人一方的客人坐在主

专家提示

如何安排一张桌子上的位次？

同一桌上的席位高低，以离主人的远近而定，主人位一般是面向门口的正中位置。主人右手位置是主宾席，顺时针方向，按照来宾身份从高到低排列席位。当有女主人或者副主人时，女主人坐男主人对面，其右手一般是主宾的夫人。

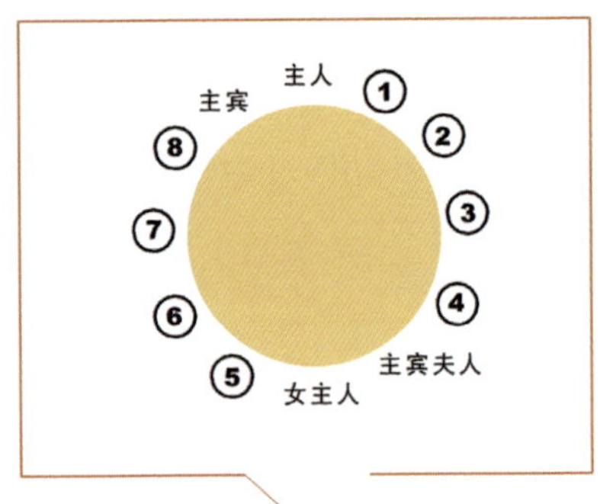

位的左侧，客人一方的人坐在主人的右侧，也就是主左宾右。

三、聚会礼仪：聚会品质的维护者

我在美国参加各种宴会时，无论是好莱坞大型盛宴，还是大公司较为正式的party，一眼看去，几乎是清一色各种款式的黑色晚礼服，让你一入大门就被一种高雅而有品位的氛围包围着，人们非常默契地遵守着约定俗成的聚会礼仪。

其实我们国家的传统礼仪也是很细致的，《红楼梦》中对贾府一次中秋赏月的宴饮活动有这样的描述："凡桌椅皆是圆的，特取团圆之意。上面居中，贾母坐下。左边是贾赦、贾珍、贾琏、贾蓉，右边是贾政、宝玉、贾环、贾兰，团圆围住。"古代社会的聚会活动，不但座位安排很讲究，而且迎接宾客要打躬作揖，席间宾主频频敬酒劝菜，筷要同时举起，席终"净面"后要端茶、送牙签等等，礼仪十分讲究，但也难免繁缛。随着社会的发展，虽然传统的礼仪有了很大的改变，但优良的礼仪风范和精髓还是应该传承下来，在当今中国的社交生活中绽放出时代的光彩。

1．商务拜访：第一印象只有一次机会

商务交往中，见面时的礼仪很有讲究，第一印象非常重要。下面是见面时的几个重要细节。

四个细节让问候更愉悦

问候要有顺序　一般来讲，下级首先问候上级，主人先问候客人，男士先问候女士。

因场合而异　在国外，女士与男士握手，女士可以不站起来。但是在国内，在

专家提示

握手时谁先伸出手?

握手时讲求究“尊者居前”，即尊者先伸出手。主人和客人握手，客人到来时，主人先伸手，客人走的时候，客人先伸手。

工作场合男女是平等的，在社交场合讲究女士优先、尊重女性。

内容有别 中国人和外国人、生人和熟人、本地人和外地人的风俗习惯不大一样。使用最普遍的称呼包括称行政职务、技术职称、行业称呼。也可以选择时尚性称呼，比如先生、小姐、女士等。和外商打交道时，更习惯称呼先生、女士，慎用简称。

介绍要掌握尺度和分寸

商务交往中，需要经常做介绍。一般来说，介绍分三种情况：自我介绍、介绍他人和业务介绍。

自我介绍

尽量先递名片再介绍，自我介绍时要简单明了，一般在一分钟之内，内容规范，按场合的需要选择适当的介绍内容。

介绍别人

第一，谁当介绍人。不同身份的人做介绍人，给客人的待遇是不一样的。通常情况下，介绍人一般由以下三种人担当。

◎ 专职接待人员、秘书、办公室主任或接待员。

◎ 双方的熟人。

◎ 贵宾的介绍，要由主人一方职务最高者做介绍人。

第二，介绍的先后顺序。尊者居后，男先女后，少先老后，主先客后，下先上后，如果双方都有很多人，要先从主人方的职位高者开始介绍。

业务介绍

把握时机 在销售礼仪中有一个零干扰原则，就是在工作中向客人介绍产品的时候，要在客人想知道或感兴趣的时候再介绍，不能强迫服务，破坏对方的心情。

掌握分寸 该说什么不该说什么要明白。一般来说业务介绍要把握三个点：第一，人无我有，产品的特点在同类产品中别人没有我有；第二，人有我优，我有质量和信誉的保证；第三，人优我新。

2. 商务会议礼仪：让沟通更加有效率

工作中必不可少的一件事情，就是要组织会议、领导会议或者参加会议，成功地组织会议，是一种有效的社交手段，因此会议上的各种礼仪也成了一门必须要掌握的学问。

优秀的主持人让会议成功一半

各种会议的主持人一般由具有一定职位的人来担任，其礼仪表现对会议能否圆满成功有着重要的影响。

主持人应衣着整洁、大方庄重、精神饱满，切忌不修边幅、邋里邋遢。

主持人礼仪。

走上主席台应步伐稳健有力，行走的速度因会议的性质而定。一般来说，对热烈的会议步频应较慢。

入席后，如果是站立主持，应双腿并拢，腰背挺直。单手持稿时，右手持稿的底中部，左手五指并拢自然下垂。双手持稿时，应与胸齐高。坐姿主持时，应身体挺直，双臂向前。两手轻按于桌沿，主持过程中，切忌出现搔头、揉眼、不停抖腿等不雅动作。

主持人言谈应口齿清楚，思维敏捷，简明扼要。

主持人应根据会议性质调节会议的气氛，或庄重，或幽默，或沉稳，或活泼。

发言人是会议的灵魂

会议发言有正式发言和自由发言两种，前者一般是领导做报告，后者一般是讨论发言。正式发言者，应衣冠整齐，走上主席台应步态自然，刚劲有力，体现出一种成竹在胸、自信自强的风度与气质。发言时应口齿清晰，讲究逻辑，简明扼要。如果是书面发言，要时常抬

头扫视一下会场，不能旁若无人地低头读稿。发言完毕，应对听众的倾听表示谢意。

自由发言则较随意，但要注意，发言应讲究顺序和秩序，不能争抢发言；发言应简短，观点应明确；如与他人有分歧，应以理服人，态度平和，听从主持人的安排，不能只顾自己。

如果有会议参加者对发言人提问，应礼貌作答，对不能回答的问题，应机智而礼貌地说明理由。对提问人的批评和意见应认真听取，即使提问者的批评是错误的，也不应失态。

不做散漫的参会者

参加大、中型会议应穿着整洁，仪表大方，准时入场或者提前入场，进出有序，

专家提示

如何应对观众反应?

会议上有发言任务的人，仪态要落落大方，掌握好语速、音量。注意观众反应，当会场中人声渐大时，则意味着发言人该压缩内容，尽快结束。发言完毕应向全体与会者表示感谢。

依会议安排落座。坐在主席台上的人应按要求就座，姿态端正，不要交头接耳，不要擅自离席，当听众鼓掌时也要微笑鼓掌。

不要坐错你的位子

如果受到邀请参加一个排定座位的会议，最好等着会议服务人员将自己引导到座位上去。通常会议主席坐在会议长桌离门口最远的一端。主席两边是为参加会议的客人和拜访者准备的座位，或是给高级管理人员、助理坐的，以便能帮助主席分发有关材料、接受指示或完成在会议中需要做的事情。

如果会议中有特殊的情况，例如，如果有从其他国家、其他公司来的代表，双方代表应各自坐在长会议桌的中间，旁边坐自己一方的人员，会议桌的两端则空着。

1 2

1. 正确的鼓掌方式。
2. 错误的鼓掌方式。

掌声用来传情达意

鼓掌意在欢迎、欢送、祝贺、鼓励他人。作为一种礼节，鼓掌应当做得恰到好处。鼓掌时，最标准的动作是：面带微笑，抬起左手手掌至胸前，掌心向上，以右手除拇指外的其他四指轻拍左手中部。此时，鼓掌节奏要平稳，频率要一致。至于掌声大小，则应与气氛相协调为好。例如，表示喜悦的心情时，可使掌声热烈；表达祝贺之意时，可使掌声时间持续久一些；观看文艺演出时，则应注意勿使掌声打扰演出的正常进行。与会者不要私下小声说话或交头接耳。发言人结束发言时，与会者应鼓掌致意，中途退场应轻手轻脚，不要影响他人。

商务会议行为指南

◎ 发言时不可长篇大论，滔滔不绝。

◎ 不可从头到尾沉默到底。

◎ 不要尽谈些期待性的预测。

◎ 不可做人身攻击。

◎ 不可打断他人的发言。

◎ 不可不懂装懂，胡言乱语。

◎ 不可对发言者吹毛求疵。

◎ 没有特殊情况不要中途离席。

3. 商务舞会礼仪：谁是舞会上最受欢迎的人

舞会是一种非常普遍的社交形式，它能促进人们之间的交往和友谊。舞会的气氛固然轻松随意，但种种礼仪却不可忽视。

舞会的不同种类

私人舞会

舞会可以在家中举行，也可以在酒店或俱乐部租场地举行，但必须提前预约场地。时间和地点确定后，应该联系乐队，确定客人名单和发送请柬。舞会的请柬通常以女主人的名义发出，也可夫妻两人一起发出。单身男子也可以举办舞会发送请柬。

正餐舞会

正餐舞会通常于傍晚举行，舞会开

专家提示

男宾能带女宾吗?

通常，舞会的主办者邀请的男宾应多于女宾，以免女宾无人伴舞。因此在舞会前，男宾可以打电话给主人，请求带另一男伴参加，但通常不便带另一女伴。

始约一小时后用晚餐。参加正餐舞会的客人最迟应于舞会开始后半小时内到达，一般按座位姓名卡就座。客人基本到齐就座后，就可以开始跳舞。

晚餐时，每道菜应上得很慢。每位男宾应首先邀请坐在自己左侧的女宾跳舞，然后再邀请其他女宾。初进社交界的女士即使没有坐在父亲左侧，通常也由父亲首先邀她跳舞。

正餐结束后，开始上各种饮料。咖啡一般放在桌子上，其他饮料则由服务生递送。这时客人可以随便坐，舞会继续到午夜时分，可能提供少量的三明治或蛋糕。如果在家里举行正餐舞会，晚餐可以采用自助餐的形式。宾客可以自取食物，随意地围坐在桌旁选择谈话的伙伴。

要尊重主人为舞会所做的一切安排。不论当面还是背后，都不对舞会安排进行批评。不要随便要求改动舞会的既定程序，不要凭个人兴趣和愿望要求临时改换舞曲或延长舞会时间。

晚餐舞会

晚餐舞会不论开始还是结束，都比正餐舞会晚得多。大约在晚上 10 点到 11 点开始，次日凌晨结束。晚餐舞会上并不正式吃饭，而是从午夜 12 点或翌晨 1 点开始供应一些简单的食物。

客人们要先吃过晚饭才前去参加舞会。晚餐舞会没有固定的座位，客人也不坐在桌子旁。但舞厅和隔壁房间有足够的椅子，供客人们休息。

舞会上的基本礼仪

如男宾携女宾同来，进入舞厅时，应女士在前，男士在后，不要双双挽臂而行。舞会开始时，女主人在客厅迎接每一位到来的宾客，并将新来的客人向旁边的来宾作介绍。

跳舞时，允许换舞伴，但绝不能同性共舞。当女士不愿和某男士跳舞时，可以有礼貌地找个借口推辞，男士不可勉强。舞会提供饮食时，男士应陪同女伴进餐，并负责照顾她。

无论是参加朋友的私人舞会，还是正式的大型舞会，遵守时间是首要的礼仪，要准时到达。至于什么时间离开舞会较为合适，朋友的私人舞会最好要坚持到舞会结束后再离去，也是对朋友的支持。至于其他舞会，只要不是只跳了一支曲子，显得应酬色彩过浓就可以了。另外，当女伴打算回家时，男舞伴应立即允诺，并略略送行。如果男士先行，则应向女舞伴说明理由，请求谅解。离开舞厅不一定惊动主人，可以不辞而行。但如适值主人在附近，应表示感谢，然后告别。参加舞会后的一周之内，应给主人打电话或写信表示谢意。

邀请舞伴要优雅

男士要主动邀请女士

根据惯例，在舞会上邀请舞伴时，男士应当主动邀请女士。舞曲响起后，男士可行至拟邀跳舞的女士面前，先跟与她坐在一起的男士或其他人点头示意，然后向女士点头或者欠身施礼，目视对方轻声说“请您赏光”或“可以请您跳舞吗”。女士也可以主动邀请男士跳舞。具体做法与男士邀请女士类似。

拒绝邀请应该得体

女士面对两位或者两位以上的邀请者，最能顾全他们面子的做法，是全部委婉地谢绝。如果两位男士一前一后走过来邀请，则可以按照先来后到的顺序，接受先到者的邀请，同时诚恳地对后面的人说：“很抱歉，下一支舞曲吧。”并要尽量兑现自己的承诺。

在舞会上一般不宜对邀请表示拒绝。如果出于某种原因，不想接受他人的邀请，只要做得得体，也不算失礼。最佳的拒绝方法是说“我想暂时休息一下”或者“这首舞曲我不大会跳”，以便给邀请者一个台阶下。而女士也不要马上接受其他人的邀请。

要服从社交任务，顾全大局

邀请舞伴时不能单凭个人好恶，还须兼顾社交需要，遵守如下规范。

◎ 有意识地多交换舞伴，扩大社交面。

◎ 主人要重点照顾好自己的主要客人。自第二支舞曲开始，主人应按尊卑顺序依次邀请主要客人各跳一支曲子。演奏第二只舞曲时，男主人应邀请女主宾，男主宾应当回邀女主人，女主人也可以邀请男主宾。演奏第三只舞曲时，男主人应邀请次女主宾，次男主宾则应当回邀女主人，女主人也可以邀请次男主宾……

◎ 作为来宾，在邀请舞伴时有较大的选择。但应当找机会邀请一下主人，而不一定等待对方来邀请自己。对于同来之人，以及被介绍给自己的人，如果有可能也应相邀一次。

◎ 同性之间要互谅互让。男士不要与别人争舞伴，如有其他男士邀请自己的女伴，要表现得宽容大度。

翩翩起舞别忘得体举止

跳舞时，身体要端正。通常由男士领舞，双方不宜相距过近，胸部应有 30 厘米左右的间隔。跳舞时，男女双方都不要目不转睛地凝望对方，也不要表情不自然。

男士不可把女士的手捏得太紧，不可把整个手掌全贴在女士的腰上，不要在旋转时把女士拖来扯去，或是将腿过分伸入对方两腿之间。女士不要把双手围在男士的脖子上，也不要把头部主动俯靠在对方的肩上。

异性交往要有分寸。在舞场上，不要对异性过分献殷勤，不要跟刚刚相识的异性长时间地厮守在一起，不要过多与对方讲个人隐私或过多地了解对方的详情。

女士的舞会着装

如果是亲朋好友在家里举办的小型生日 party 等活动，要选择与舞会氛围协调一致的服装，女士最好穿便于跳舞的裙装，搭配色彩协调的高跟皮鞋。

如果应邀参加大型正规的舞会，或者有外宾参加，这时的请柬会注明：请着礼服。接到这样的请柬一定要提早做准备，女士在正式场合要穿晚礼服。晚礼服源自法国，法语是“袒胸露背”的意思。有条件经常参加盛大晚会的女士，应该准备晚礼服，偶尔用一次的可以向婚纱店租借。近年也流行穿旗袍改良的晚礼服，既有中国的民族特色，又端庄典雅，适合中国女士的气质。穿晚礼服一定要佩戴首饰，以佩戴有光泽的首饰为宜。

小手袋是晚礼服必备的配饰。手袋的装饰作用非常重要，缎子或丝绸做的小手袋必不可少。

舞会上不受欢迎的四种人

别当不合群的冰山美人

舞会中，人人热情愉悦，你却像是去讨债似的摆了个冷脸，谁也不搭理，只是自顾自地吃吃喝喝；或是因为不擅交际，便跑到墙边当“壁花”，这都不符合舞会应有的礼仪。参加舞会就是要多认识新朋友，拓展社交圈。而一个尽责的舞会主人则应该带新朋友绕场一周，让大家彼此认识；如果不擅交际，想不到有什么话题，不妨就从自己开始聊起。

不要盯着别人喋喋不休

舞会主人要招呼的宾客不只是一两个人。某位客人到达之后，主人与他寒暄几句，就该适时地把他介绍给其他人，以免冷落了其余的客人。有什么绵绵不断的体己话，留待恰当的时候再说吧。

饮酒要自制

虽说酒精能使人兴奋起来，让整个舞会的气氛更加热闹，但是喝多了，不管是胡言乱语或是当场呕吐，都会让舞会变成一场闹剧。作为主人不妨在美酒旁置备小点心和牛奶等保护胃壁的食物。作为客人，酒量如何，自己心里应该有数。记住微醺是性感，喝醉后出丑可就相当失态。

注意餐桌礼仪

举办家庭舞会，最好备有自助式的小点心让人果腹。参加者若是饿着肚子前往，站在餐桌前狼吞虎咽，是没有修养的表现。

CHAPTER

3

餐饮礼仪
第三章

DINING ETIQUETTE

用餐是多美好的时刻，对于现代人来说，吃已经远远不是填充饥饿，也不是享受美味，而是获得更多的快乐和愉悦。因此，用餐也往往成了一个良好和必要的社交环节。许多家人聚会、朋友交往、商务宴请、公事洽谈都可以巧妙和有效地安排在用餐中。这时，专心于桌上的饭菜显然是不明智的，而一些粗俗、不文雅的举止更会让人不悦或排斥。

一、基本礼仪：见食忘礼不可取

餐桌也是个充满诱惑的地方，尤其当你饥肠辘辘的时候，人们往往难以抵御美食的诱惑，也容易表现得不雅和粗俗。我发现不少很在意举止修养的人，到了餐桌前却会松懈下来，忽略了这个时刻应该具有的风度和礼仪，泄露出暗藏的毛病和缺陷，让自己的良好形象大打折扣。用餐时保持良好的仪态修养，是显现个人品质最有效的时刻。如果在餐桌上能举止优雅而有教养，不仅能拉近与对方的距离，更能以完整的魅力打动人心。

守时是宝贵的品德

应邀出席一项活动之前，要向主人核实活动举办的时间地点，是否邀请了配偶，以及主人对服装的要求。活动多时尤应注意，以免走错地方，或主人未请配偶却双双出席。在接受邀请之后，不要随意改动。万一遇到不得已的特殊情况不能出席，尤其是主宾，应尽早向主人解释、道歉，甚至亲自登门表示歉意。

出席宴请活动，抵达时间迟早、逗留时间长短，在一定程度上反映出对主人的

DINING ETIQUETTE

餐饮礼仪　124

尊重，应根据活动的性质和当地的习惯掌握。迟到、早退、逗留时间过短都会被视为失礼或有意冷落。身份高者可略晚到达，一般客人宜略早到达，主宾退席后，其他人才能陆续告辞。

预约是必要的礼仪

越高档的餐厅越需要事先预约。预约时，不仅要说清人数和时间，也要说明是否要吸烟区或视野良好的座位。如果是生日或其他特别的日子，可以告知宴会的目的和预算，以便餐厅做一些特殊安排。

在预定时间内到达餐厅，是对主人或者召集人的基本礼貌。

休闲服难登大雅之堂

吃饭时穿着得体是基本常识。去高档的餐厅，要穿套装和有跟的鞋子。再昂贵的休闲服，也不能随意穿着去餐厅。比如在美国比弗利山庄，有一个外观很不起眼的餐厅，但这是一家好莱坞明星经常出没的高档餐厅，这家餐厅是拒绝穿休闲装的人进入的。如果客人穿休闲装来进餐，侍者会拿来西服让客人换上，才被允许进入。

此外，挑选进餐时的衣饰时，还要特别注意领口和袖口的设计，要选择方便进餐、不易走光的款式。

拿着筷子或刀叉的手指很显眼，所以女士要注意指甲油是否有脱落，以免失礼。

高雅举止从坐姿开始

正确的用餐姿势。

最得体的入座方式是从椅子左侧入座。当椅子被拉开后，身体在几乎要碰到桌子的距离站直，男士应该帮助女士把椅子推进来。如果是几位女士来就餐，餐厅服务生应帮助推进座椅。入座时，当膝窝碰到后面的椅子时就可以坐下来。

坐下后，身体要端正，与餐桌的距离以便于使用餐具为佳，肘部不要放在桌面上。餐台上已摆好的餐具不要随意摆弄。将餐巾对折轻轻放在膝上。

坐姿应保持稳定，不要前后摇摆，腰板应挺直，上臂和背部尽量靠向椅背，腹部和桌子保持约一个拳头的距离，膝盖放平。无论男女，用餐时跷起二郎腿都是不美观的，而且失礼。两脚交叉的坐姿最好避免。应避免的类似举动还有：把两膝张开呈八字形、伸懒腰、松裤带、摇头晃脑、伸展双臂等等，这些姿势都很失礼，而且不雅观。

用餐时，两只手都要放在桌面上。但要注意不能用手臂支撑身体靠在桌子上，也不能双手交叉在胸前，只是把手腕轻轻搭在桌上。手指要自然平稳地放在桌上，不可在桌上乱弹或摆弄餐具。

小餐巾大礼节

餐巾在用餐前就可以打开。点完菜后，可以在菜送来前的这段时间把餐巾打开，往内折三分之一，让三分之二平铺在腿上，盖住膝盖以上的双腿部分。最好不要把

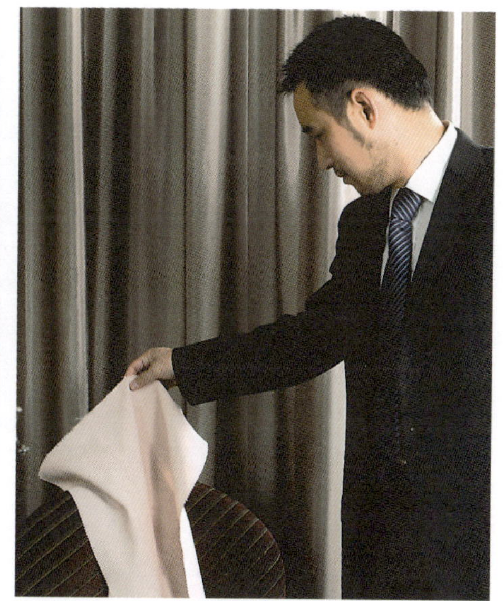

餐巾塞入领口，也不要压在桌上盘碟的下面，餐巾在就餐期间始终应当放在腿上。

在西餐厅，通常不提供纸巾或者毛巾，餐巾的主要功能是防止食物弄脏衣服，以及擦掉嘴唇与手上的油渍，所以如果嘴部或者指尖弄脏了，需要用餐巾的另一面来擦，以免露出脏污的部分。而且使用自己的纸巾或者手帕来擦也是很失礼的，因为这个举动就表示“餐巾太脏不能用”。但是餐巾绝对不能用来擦鼻子，因为这样既不典雅也不卫生。

同样，如果用餐巾来擦拭餐具也是很不礼貌的举动，会造成餐厅或主人的难堪，表示你怀疑这些餐具的卫生状况。

如果不小心在餐桌上泼洒了东西，而且洒了很多，这时，要叫服务生来清理你弄脏的地方，同时向其他客人表示歉意。如果污渍不能清除干净，服务生会给你再铺上一块新的餐巾，把脏东西盖住，然后再继续用餐。

如果遇到不好吃的食物或异物入口时，注意不要引起同桌吃饭的人的不快，但也不必勉强把口中的东西硬吃下去。最好的方法是用餐巾盖住嘴，赶紧吐到餐巾上，让服务生换块新的餐巾。

中途如果要离席，不要将餐巾直接放到桌子上，而是要放在椅子面上或是搭在椅背上。如果用餐完毕，则可以将餐巾稍稍折叠放在桌子上。

中餐用餐前，比较讲究的餐厅会为每位用餐者递上一块湿毛巾。它只能用来擦手，不能擦脸、抹汗。擦手后，应该放回盘子里，由服务生拿走。

不做餐桌上粗俗的人

不可在餐桌边化妆；不能用餐巾擦鼻涕；用餐时打嗝是失礼的行为，万一发生此种情况，应立即向周围的人道歉。

拿取食物时不要站立起来，坐着拿不到的食物应请别人传递。

就餐时不可狼吞虎咽。对自己不愿吃的食物也可以稍取一点放在盘中，以示礼貌。有时主人劝客人添菜，如有胃口，添菜不算失礼，而且主人也许会引以为荣。

在进餐尚未全部结束时，不可抽烟，直到上咖啡或茶表示用餐结束时方可吸烟。如果左右有其他客人，应有礼貌地询问别人是否介意，还要注意是否是可以吸烟的区域。不过，假如主人或同时用餐的人不吸烟，建议你最好不要吸烟。

进餐时应与左右客人交谈，但应避免高声谈笑。不要只同几个熟人交谈。自己左右的客人如不认识，可以先自我介绍。

因为是特意安排的聚会，所以，交谈时也要选择使宴会气氛活跃和谐的话题，说别人坏话，或者倾诉自己的烦恼，以及说“这家饭店的菜味道不好”等等，会使整个宴会的气氛低沉下来。

在一家餐厅里夸奖其他餐厅的菜时，一定要注意说话的分寸和方式，比如，说“那家店里的菜特别好吃”，往往会被别人误解为“这家的菜不好吃”，这样是很失礼的。

进餐过程中，不要解开纽扣或当众脱衣。如主人请客人宽衣，男性客人可将外衣脱下搭在椅背上，不要将外衣或随身携带的物品放在餐桌上。

一般来说，用餐时接触食物和餐具以外的东西很不礼貌，尤其是接触头发会让人觉得不卫生。

专家提示

如何得体地中途离开餐桌?

不可在进餐时中途退席，如有事确需离开，应利用上菜的空当向同席的人说明情况，表示歉意后再离开。如果女士需要补妆或去洗手间，也应该告知同桌的人暂时离席后再去，同时不能只带走化妆包，而要将手提包一起带走。

招呼服务生时，应和服务生目光相对，点头示意或手举到肩膀的高度，在服务生没注意到的时候，应该招呼说：“麻烦你。”

用餐时请注意这些细节

◎ 在给别人布菜时不要把筷子调过来用尾端夹菜，很不卫生，看起来也缺乏美感，还是应该用专用的公筷布菜。

◎ 在夹菜时，为了避免将汤汁洒在桌上而用手当盘子接在下面的动作很不雅观，用勺子或碟子接在下面就很方便、得体。

◎ 喝汤时，中餐放下筷子，西餐放下刀叉，用汤匙喝，不要把碗端起来喝。

◎ 就餐中不能边说边用筷子指指点点或乱翻菜肴。

◎ 用餐或喝汤时应闭嘴咀嚼，不要发出声音。不能吃得太快，要慢慢咀嚼。咽下口中的食物再吃下一口，嘴里有食物的时候不要说话。

◎ 吃到骨、刺时，不要直接吐出来，应用餐巾或手掩口，取出放在骨碟里。

◎ 要经常用餐巾擦拭手指与嘴部，否则油腻的手指和沾满碎屑的嘴，会让你形象全无。

◎ 剔牙应以手遮口，用牙签剔齿缝，不能把方便筷折断剔牙。

◎ 餐桌上放着盛有玫瑰花或柠檬片的小杯水，是用手取食物前洗手用的，切忌当作饮料喝掉。

◎ 如果是不会喝酒的客人，当主人或服务生为其斟酒时，应用手指轻敲酒杯边缘以示谢绝，不能将酒杯倒扣在桌上。

◎ 强行劝酒是失态无礼的表现，这一点是中国食客应特别注意的。

◎ 不要帮助服务生收拾杯碗盘碟，高级餐厅使用的餐具大多是贵重考究的，要特别小心别把餐具弄坏了。

二、中餐礼仪：中餐礼仪知多少

中国的饮食文化源远流长，博大精深，我想，很少有人会认为自己不熟悉中餐，因为人们从小吃着这些美食长大，还能做上几道拿手好菜，品尝起来更是头头是道。不过真正了解中餐的人并不多，特别是不了解中餐的进食礼仪。《礼记·礼运》有云："夫礼之初，始诸饮食"，可见，礼仪在中国人传统进餐中是重要的。文献记载表明，至迟在周代，我们国家的饮食礼仪已初具大型，自成体系。这些礼仪日臻成熟与完善，它们在古代社会发挥过重要的作用，对现代社会依然产生着影响，成为文明时代的重要行为规范。尽管不少现代人认为那些传统的礼仪过于繁复，不少东西也已被遗弃，但细细研究这些中式礼仪，会发现它的经典之处。礼仪是由大国主宰的规则和文化，随着中国的日益强大，中式用餐礼仪也会越来越多地影响世界。

1. 席位安排：圆桌上的座次

在中餐宴请活动中，往往采用圆桌。不单是在不同位置摆放的圆桌有尊卑的区别，每张圆桌上不同的座次也有尊卑之分。记住这些原则，确保不坐错位置，这在中餐礼仪中非常重要。

主桌是你的方向标

入座前，你首先要迅速辨别出哪张桌子是主桌，然后由邀请方引导你入座，通常中餐的餐桌摆放分为两种情况。

由两桌组成的小型宴请 这种情况下，通常是两桌横排或两桌竖排的形式。当两桌横排时，面对正门右边的桌子是主桌；当两桌竖排时，距离正门最远的那张桌子为主桌。

由三桌或三桌以上的桌数组成的宴请 在安排多桌宴请的桌次时，除了要注意

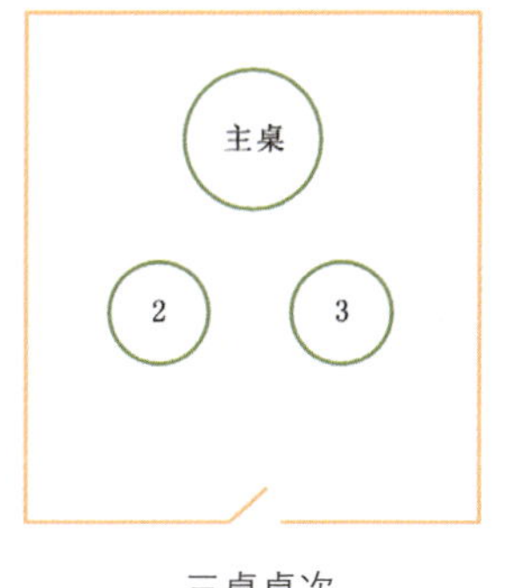

三桌桌次

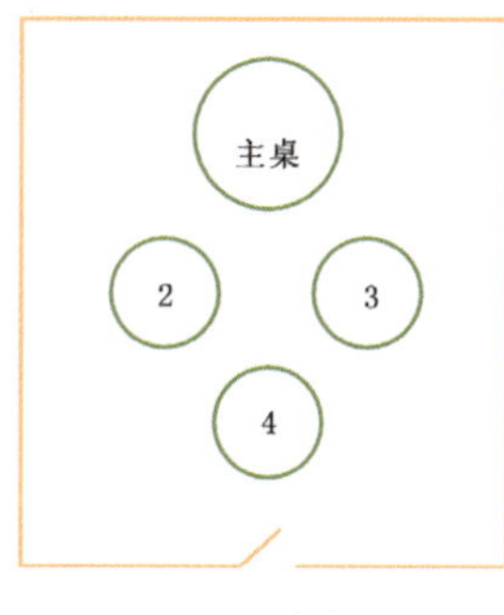

四桌桌次

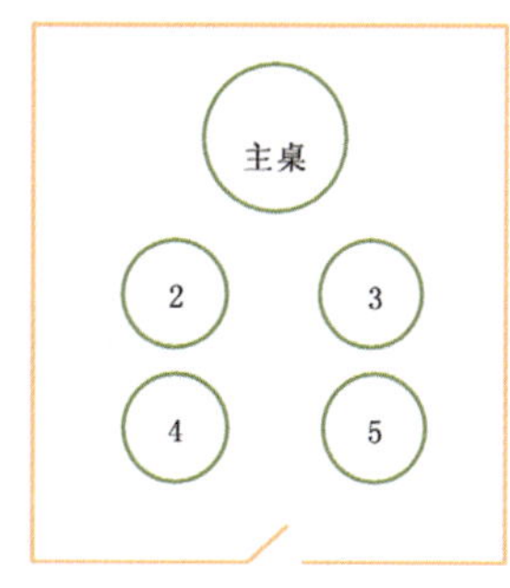

五桌桌次

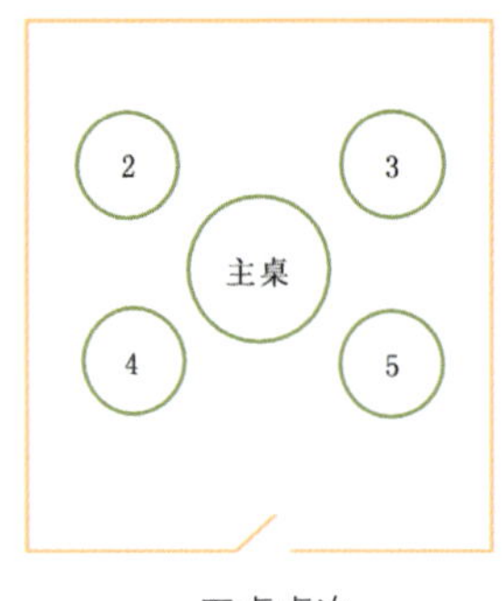

五桌桌次

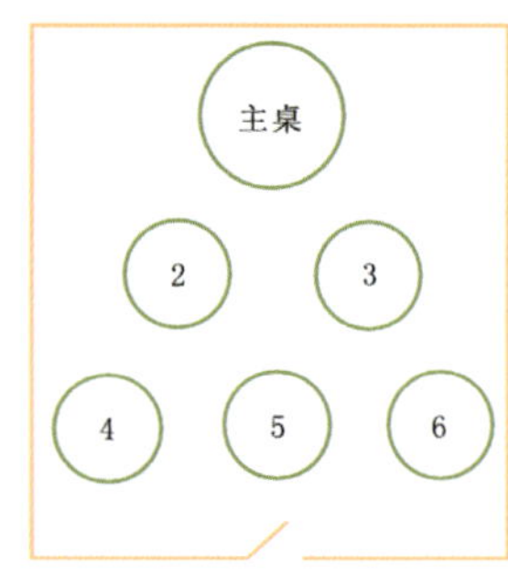

六桌桌次

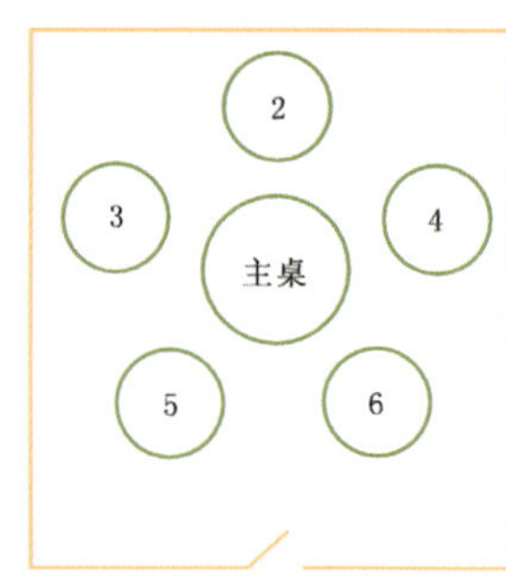

六桌桌次

上面提到的“面门定位”“以右为尊”“以远为上”等规则外，还应兼顾其他各桌距离主桌的远近。通常，距离主桌越近，桌次越高；距离主桌越远，桌次越低。

有的餐厅设计的主桌会比其他餐桌大一些，这样便于让宾客分辨哪张是主桌。

席位安排以主为先

宴请时，每张餐桌上的具体位次也有主次尊卑的分别。排列位次的基本方法有以下五点。

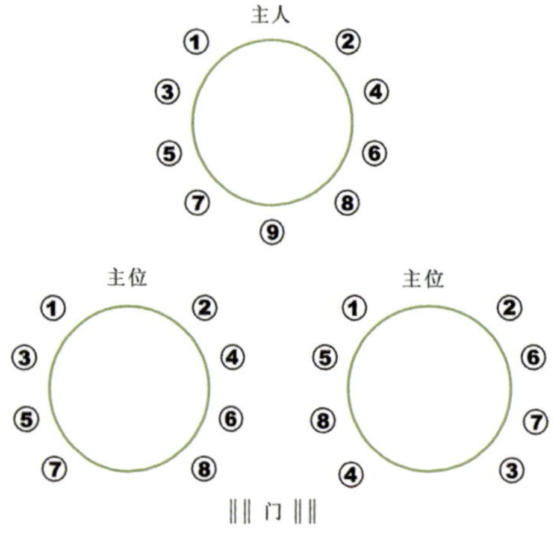

◎ 主人大都应面对正门而坐，并在主桌就座。

◎ 举行多桌宴请时，每桌都要有一位主桌主人的代表在座。位置一般和主桌主人同向，有时也可以面向主桌主人。

◎ 各桌位次的尊卑，应以与这桌主人的距离远近来定，离主人比较近的位置比较尊贵。

◎ 与本桌主人距离相同的位次，则以本桌主人面向为准，主人座位右边的位置比较尊贵。

◎ 如果主宾身份高于主人，为表示尊重，可以安排主宾在主人位子上坐，主人则坐在主宾的位子上。

排列少于 5 人的便餐席位时，位次的排列，可以遵循四个原则。

右高左低 两人一同并排就座，通常以右为上座，以左为下座。这是因为中餐上菜时多以顺时针方向为上菜方向，靠右坐的人因此要比靠左坐的人优先受到照顾。

中座为尊 三人一同就座用餐，坐在中间的人在位次上高于两侧的人。

面门为上 用餐的时候，按照礼仪惯例，面对正门者是上座，背对正门者是下座。

特殊原则 高档餐厅里，往往有优美的景致或高雅的演出供用餐者欣赏。这时候，观赏角度最好的座位是上座。在某些中低档餐馆用餐时，通常以靠墙的位置为上座，靠过道的位置为下座。

专家提示

如何制作座位卡？

为了便于来宾准确无误地在自己位次上就座，除招待人员和主人要及时加以引导指示外，最好的方法是在每位来宾所属座次正前方的桌面上，事先放置醒目的个人姓名座位卡。举行涉外宴请时，座位卡应以中、英两种文字书写。中国的惯例是，中文在上，英文在下。要注意的是，座位卡的两面都要书写用餐者的姓名，以便同桌人更好地沟通与交流。

2. 餐具规则：好帮手还是添乱者

中餐上菜顺序为：冷盘—主菜—汤—面类或米饭—甜食或水果。中餐的餐具比较简单，但是使用起来的礼仪细节需要更加注意。

你会使用筷子吗

筷子是中餐最主要的餐具。使用筷子，通常必须成双使用。以下一些筷子的使用方式是非常不礼貌的。

◎ 迷筷 拿着筷子犹豫不决夹哪道菜。

◎ 架筷 用完筷子不将筷子放在筷架上，而架在碗碟上。

◎ 探筷 用筷子在碗盘里翻找。

◎ 滴筷 在夹汤汁多的菜肴时用筷子抖掉汤汁。

◎ 插筷 把筷子竖插在食物上面。

◎ 敲筷 用筷子敲打碗盘的边缘。

◎ 塞筷 一次性夹过多食物塞到口中，这样的做法显得非常狼狈。

◎ 空筷 已经用筷子夹起了食物，但是不吃又放回去。

◎ 舔筷 用舌头去舔筷子，不论筷子上是否残留着食物。

◎ 磨筷 拿着筷子相互摩擦筷尖。

◎ 转筷 用筷子在汤碗中不断搅拌混合。

◎ 寄筷 用筷子将碗挪到自己面前。

◎ 指筷 和人交谈时，一边说话一边像指挥棒似地挥舞着筷子，甚至用筷子指着别人，而不将筷子暂时放下。

勺子帮忙不添乱

勺子的主要作用是舀取菜肴、食物。有时，用筷子取食物时也可以用勺子来辅助。尽量不要单用勺子去取菜。用勺子取食物时，不要过满，免得溢出来弄脏餐桌或自己的衣服。舀取食物后，可以在原处暂停片刻，汤汁不会再往下流时，再移回来享用。

暂时不用勺子时，应放在自己的碟子上，不要把它直接放在餐桌上，或是插在食物中。用勺子取食物后，要立即食用或放在自己碟子里，不能再把食物倒回原处。如果取用的食物太烫，不可用勺子在菜盘中舀来舀去，也不要用嘴对着吹，可以先舀回放到自己的碗里，等凉一些再吃。不要把勺子塞到嘴里，或者反复吮吸舔食勺子。

盘子摆放不杂乱

盘子在餐桌上一般要保持原位，而且不要堆放在一起。食碟的主要作用，是用来暂放从公用的菜盘里取来享用的菜肴。

用食碟时，一次不要取放过多的菜肴，不吃的残渣，如骨、刺等不要吐在地上、桌上，而应轻轻取放在食碟前端，放的时候不能直接从嘴里吐在食碟上，要用筷子夹放到碟边。如果食碟放满了，可以让服务生换一个。

双手端碗不雅观

碗主要是用来盛放主食、羹汤的，所以要注意以下一些礼仪细节：不能双手端起碗来进食；不能向碗里乱扔废弃物；不能将碗倒扣在桌上。

3. 中餐礼仪禁忌：维护你的进餐风度

用餐的时候，不要吃得摇头摆脑，宽衣解带，满脸油汗，汤汁横流，响声大作。

可以劝别人多吃一些，或是建议品尝某道菜肴，但不要擅自做主，主动为别人夹菜、添饭。这样做不仅不卫生，而且还会让对方勉为其难。

取菜的时候，应从靠近自己的盘边夹起，不要从盘子中间或靠近别人的一边夹起，更不要左顾右盼，翻来覆去，在公用的菜盘内挑挑拣拣，夹起来又放回去，会显得缺乏教养。多人一桌用餐，

取菜要注意相互礼让，依次而行，一次夹菜也不宜太多，取用适量。不要好吃多吃，争来抢去，而不考虑别人吃到没有。距离自己较远的菜，可以请人帮助，不要起身甚至离座去取。

用餐时要由尊者或长者先动碗筷。在用餐过程中，要尽量自己添加食物，如有长辈，要尽可能主动给长辈添饭。遇到长辈给自己添饭，要道谢。

吃饭要端起碗，应该用大拇指扣住碗口，食指、中指、无名指扣碗底，手心空着。不端碗、伏在桌子上对着碗吃饭是非常不雅观的。

进餐时要闭嘴咀嚼，细嚼慢咽，嘴里不要发出“吧唧吧唧”的声音，口含食物时最好不要与别人交谈。不能在夹起饭菜时，伸长脖子，张开大嘴去接菜。一次不要放入太多的食物进口，不然会给人留下一副馋相和贪婪的印象。

吐出的骨头、鱼刺、菜渣，要用筷子或手取接出来，不能直接吐到桌面或地面上。如果要咳嗽、打喷嚏，要用手或手帕捂住嘴，并把头向后方转。吃饭嚼到沙粒或嗓子里有痰时，要离开餐桌去吐掉。

如果宴会没有结束，但自己已用完餐，不要随意离席，要等主人和主宾餐毕先起身离席，其他客人才能依次离席。

如果需要为别人倒茶倒酒，要记住“ 倒茶要浅，倒酒要满”的礼仪规则。

三、西餐礼仪：走近西餐从礼仪开始

二十多年前，西餐对于大多数中国人来说是十分陌生的，通常只是在影视、小说里才能看见那些刀刀叉叉的纷繁花样和西餐场景。如今，吃西餐已经不是少数人的特权，也不再是身份地位的一种炫耀。不过当我们离西餐越来越近的时候，对西餐的文化和礼仪又了解多少呢？无论是追求高雅的情调还是商务社交的需求，当你坐在铺着洁净桌布的餐桌前，多会有这样的感受：中餐和西餐的差异，绝不仅仅是筷子与刀叉的不同。

1. 席位安排：你该坐在长桌哪一端

西餐座位也比较讲究礼仪，吃西餐均使用长桌。

桌次

正式宴会上桌次的高低尊卑以距离主桌位置的远近而定，越靠右的桌次越尊贵，桌次较多时一般摆放桌次牌；在同一桌上，越靠近主人的座位越尊贵。

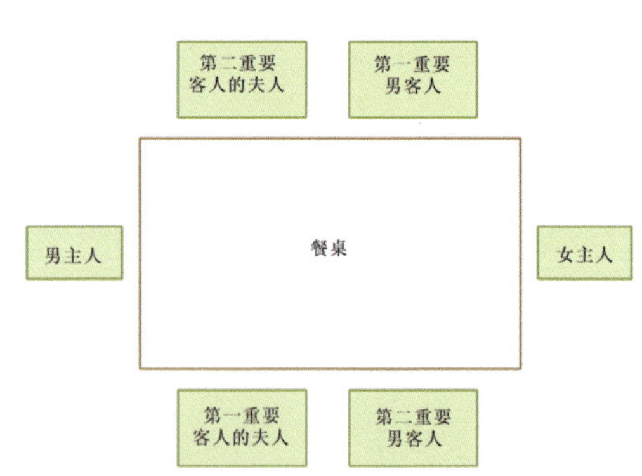

位次

英国式的座位顺序：主人坐在桌子两端，原则上是男女交叉坐。法国式的座位顺序：主人相对坐在桌子中央。以女主人的座位为准，主宾应当坐在女主人的右方，主宾夫人坐在男主人的右方。

非正式宴会位次

非正式宴会位次遵循女士优先的原则。如果是男女二人进餐，男士应请女士坐在自己的右边，还要注意不可让她坐在人来人往的过道边。若只有一个靠墙的位置，应请女士就座，男士坐在她的对面。如果是两对夫妻就餐，夫人们应坐在靠墙的位置，先生则坐在各自夫人的对面。如果两位男士陪同一位女士进餐，女士应坐在两位男士的中间。如果两位同性进餐，那么靠墙的位置应让给其中的年长者。此外，男士应当主动为女士移动椅子让女士先坐。

2. 餐具规则：不要让刀叉打架

用餐时，一般右手拿刀或汤匙，左手拿叉，杯子也用右手来握。身体不要过于接近餐盘，用餐具把食物送到嘴里，而不要把盘、碗端起来。

专家提示

全餐的餐桌上有多少餐具?

一个正式的全餐里有许多道菜，每道菜都有其搭配的饮料。通常餐具会这样摆放在餐桌上。

右边：从里往外是主菜用刀、一把鱼刀或一把汤勺、一把头盘菜用刀。

左边：从里往外是一把进主菜的叉、一把鱼叉、一把头盘菜用叉。

垫盘上方：一把甜食叉、一把甜食勺或刀。

左边外侧：一个面包盘和一把黄油刀。面包盘要放在最外端叉子的左边。黄油刀放在盘上右侧，刀锋向左。应与垫盘右边的其他刀子呼应。

杯子的摆放：一只白酒杯、一只红酒杯、一只水杯，排成三角形（郁金香型）或排成一行。

刀叉传递用餐信号

刀叉分为肉类用、鱼类用、前菜用、甜点用。如果需要具体分类，刀的种类有：食用刀、鱼刀、肉刀、奶油刀、水果刀；叉的种类有：食用叉、鱼叉、龙虾叉等。

使用刀叉进餐时，刀用来切割食物，叉用来送食物入口。需要注意的是，千万别用刀取食物送入嘴里。刀叉的拿法是轻握尾端，食指按在柄上。切东西时左手拿叉按住食物，右手执刀将食物切成小块，然后用叉子送入口中。使用刀时，刀刃不可向外。若有两把以上刀叉，应由最外面的一把向内依次取用，因为刀叉摆放的顺序正是每道菜上桌的顺序。

如果在餐桌上需要谈话，可以拿着刀叉，无须放下。不用刀时，也可以用右手持叉，但若需要做手势时，就应放下刀叉，千万不可手执刀叉挥舞摇晃。不要一手拿刀或叉，而另一只手拿餐巾擦嘴，也不可一手拿酒杯，另一只手用叉取菜。

刀与叉，除了将食物切开送入口中之外，还有一项非常重要的功用。刀叉的摆放方式传达出“用餐中”或是“用餐结束”的信息。服务生正是利用这些信息判断客人的用餐情况，以及是否收拾餐具准备接下来的服务等等，所以要特别注意刀叉的摆放方式，避免发出错误的信息。

无论何种情况，刀刃的一侧必须面向自己，而且不可将刀叉的一端放在盘上，另一端放在桌上。

进餐中需要暂时放下刀叉时，应摆成“八”字形，分别放在餐盘边上。刀刃朝向自己，表示还要继续吃。

用餐中

用餐结束后，将叉的背面向上，刀的刀刃一侧应向内与叉并拢，平行放置于餐盘上。尽量将柄放入餐盘内，这样可以避免由于碰触而掉落，服务生也容易收拾。

没用过的刀子，放在原位即可，服务生会自动将它收走。 尽管将刀、叉放在餐盘上并拢是表示结束用餐的信号，但是没有必要把干净刀叉特地放入弄脏的餐盘内。

用餐结束

两种餐匙不要混淆

通常，餐匙可以分为两种，一种是汤匙，个头比较大，被摆放在右侧最外端，与刀并列摆放；一种是甜品匙，个头比较小，被横着摆放在吃甜品所用的刀叉正上方。

汤匙的握法则与握笔方法相同。当用汤匙或调味料用汤匙代替刀时，须右手拿汤匙，左手拿叉。用调味料用汤匙切食物时，握法与握餐刀相同。不过在取调味酱料时，握法则须与汤匙的拿法相同。食物切好后，在盘子上将食物与酱料一同舀起食用。

要注意餐匙不能直接用来舀取任何主食或者菜肴；已经使用的餐匙不能放回原处，也不能弄得很脏。

女主人会选用哪种酒杯

西餐中，吃不同的菜需要搭配不同的酒，所以对酒杯的讲究也比中餐多。通常不同的酒杯用来喝不同的酒。在每位用餐者右边餐刀的上方，会摆着三四只酒水杯。可依次由外侧向内侧使用，也可以紧跟女主人的选择。一般来说，香槟杯、红葡萄酒杯、白葡萄酒杯以及水杯，是不可缺少的。

专家提示

餐具如果掉到地上怎么办？

用餐的时候，餐具不小心掉在地上，如果弯腰去捡，不仅姿势不雅观，也会弄脏手指。不妨请服务生前来处理，并更换新的餐具。

3. 食用礼仪：先喝汤还是先吃鱼

西餐的全套上菜流程通常是：前菜和汤—鱼—肉类—水果—甜点和咖啡，还有餐前酒和餐酒。

什么时候开始吃?

西餐是分餐式，如果是几个人邀约用餐，在欧洲，第一道菜端上来时，就可以开始吃。在美国，应当等最后一个人的菜上好了才一起用餐。

在很正式的场合，应当由女主人邀请大家开始用餐。如果女主人不在场，男主人席位右边的女宾应当是第一个开始吃的人，其他人看到她的行动则可以进餐了。

喝汤不能一饮而尽

喝汤时不要吸啜汤汁，不要咂嘴发出声音。如汤菜过热，可待稍凉后再吃，不要用嘴吹。喝汤时，用汤勺从里向外舀，汤匙的底部放在下唇的位置将汤送入口中，汤匙边与嘴部呈 5 度角比较好，上身体略微前倾。将汤匙里的汤分数次喝完有失礼仪，应一次喝完汤匙里的汤。

汤盘中的汤快喝完时，用左手将汤盘的外侧稍稍翘起，用汤勺舀净即可，切忌端起汤盘来一饮而尽。吃完汤菜后，将汤匙留在汤盘中，匙把指向自己。

面包放在你的左手边

在餐桌礼仪中，有所谓“左面包，右水杯”的说法，千万不要将两者颠倒摆放。面包要放在伸手可及的专用小盘里或者桌布上，不要放在进餐盘的盘边；若想涂黄油，先把黄油碟移至自己的碟边，再涂抹到面包上。很多人喜欢用面包蘸汤吃，这种食法不好看，应尽量避免。

面包一般掰成小块送入口中，不要拿着整块面包去咬。抹黄油和果酱时也要先将面包掰成小块再抹。吃硬面包时，用手撕不但费力而且面包屑会掉满地，此时可先用刀将其切成两半，再用手撕成块来吃。避免像用锯子似的割面包，应先用手将面包固定，将刀插入面包的中部，然后再开始切，切时避免发出声响。

吃鱼不能用餐刀

鱼肉较嫩且易碎，因此餐厅常不备餐刀而备专用的汤匙。这种汤匙比一般喝汤用的汤匙稍大，不但可切分菜肴，还能将调味汁一起舀起来吃。若要吃搭配在一起的青菜类食物，还是使用叉子为宜。对于鱼骨头，首先用刀叉把鱼头和鱼尾割下，放在盘边。在鱼鳃附近刺一条直线，刀尖不要刺透，刺入一半即可。吃鱼时不要将鱼翻身，先吃鱼的一侧肉后，从头开始，将刀伸入骨头下方，往鱼尾方向划开，把针骨剔掉并挪到盘子的一角。最后再把鱼尾切掉。由左至右，边切边吃，不能切得块儿太大，也不能一次将肉都切成块。

享用鱼类菜肴时，若吃到鱼刺，不要把它直接从嘴里吐到盘子里，最好的方法是用舌头尽量把鱼刺顶出来，用叉子接住，再放到碟子的一角。若不幸鱼刺卡进牙缝间，要用餐巾挡在嘴前，用拇指和食指将之拔出。

如果需要在鱼里加些柠檬调味，要注意在挤柠檬时用手遮住，不要把柠檬汁挤到旁边人的身上。

专家提示

如何吃带壳的海鲜？

吃贝类海鲜、蜗牛时，应该以左手按住壳，右手拿叉子将肉挖出来吃。如果是生蚝，则可以将壳放到嘴边，直接喝生蚝的汤汁。

如果是蒸文蛤，应当用双手掰开壳，用左手捏着壳，右手抓住文蛤的颈脖往上拉，然后去掉壳，将文蛤肉放到汤碗里涮几下，把沙抖掉，再沾牛油吃。吃完后可以喝文蛤汤，注意不要喝到汤底。

如果是带壳的虾，可以直接用手剥去虾壳。吃龙虾或蟹的时候需要借助专用的钳子，从已经打开的一端先吸出肉，再吃身体部分的肉。在吸食肉的时候注意嘴里不要发出声音。

吃肉的刀法与技巧

烤肉 按照烧烤程度，烤肉大致可分为半熟、略生、生熟适中、略熟、熟透等多种。点菜时，要先选好烤肉的烧烤程度。

牛排 首先将调味酱钵拿到盘子旁边，以汤匙取酱料时注意不要滴到桌布上。调味酱不能直接淋在牛排上，应取适当的量放在盘子的内侧，调味酱的量约以两汤匙为适量。取完调味酱后，将汤匙放在调味酱钵的侧边，并传给下一个人。

切牛排时应从左往右将肉切成一口大小的块儿蘸酱料吃。将牛排切得太小，不但卖相不好，还会溅出肉汁，牛排凉得较快，就会失去原有的味道。

鸡肉　先吃鸡的一半。把鸡腿和鸡翅用刀叉从连结处分开。然后用叉稳住鸡腿、鸡脯或鸡翅，用刀把肉切成适当大小的片。每次只切两三片，吃鸡腿时应先用力将骨去掉，不要用手拿着吃。

如果场合很正式，不方便使用刀叉取用的食物，干脆别动。如果是非正式场合，则可以用手拿取小块骨头，但只能使用一只手。

专家提示

排骨的一端裹着锡纸，可以用手拿着吃吗？

如果排骨的一端裹着锡纸，这表示你可用手抓住锡纸的一端，用刀来切骨头上的肉，这样就不会使手油腻。

在正式场合或者大型宴会上就餐时，即使包有锡纸也不能用手拿着骨头啃着吃，因为这些锡纸基本上是用来作装饰的。另外，在非正式场合，只有骨头上没有汤汁时才可以拿起来啃着吃。

米饭要用叉子舀

吃米饭之类的食物时，可以很自然地将叉子转到正面舀起食用，因为叉子正面的凹进部位正是为此用法而设计的。这时候，也可利用刀子在一旁辅助用餐。将餐盘中的米饭舀起时，用刀子挡着以免米饭散落到盘子外面，这样就可以很利落地将盘内食物送到口中。

当需要将盘子内的细碎食物聚集时，可利用刀子挡着，再以叉子靠近舀起。利用汤匙代替刀子也是可以的，用叉子将食物聚集到汤匙中，再用汤匙将食物送入口中。需要在食物中加入调味酱时，应先用汤匙取出适量酱料置于盘子的内侧，用叉子将食物沾好酱料后再食用，而不是将酱料直接淋到食物上，因为后者是不合礼节的。

意大利面这样吃

意大利面有很多种形状，根据形状和口味大致可分为三种：长面、短面和鸡蛋面。我们平日里见到最多的就是长面，比较像中国面条；根据形状的不同短面有众多名称，包括管状面、笔尖面、贝壳面、螺旋面、蝴蝶面等；鸡蛋面是小麦粉加鸡蛋揉制而成的面条，更富弹性和口感。

另外，搭配每种面条的酱汁和配料也有所区别。长面会搭配薄一些的酱汁或橄榄油，搭配香菇类或墨鱼、蛤蜊、鳕鱼等海鲜；短面会搭配厚一些的酱汁。

不同的意大利面吃起来也有一些不同的方法：像面条一样的意大利面，在吃的时候应当用叉子慢慢将面条卷起来送入口中。最容易的方法则是用勺子配合叉子来卷面条，右手持叉将面条转圈，使面条围绕叉子卷成一小束，同时左手用勺顶住叉子起固定作用，把面条卷起来，送到口中。注意一次不要卷太多，足够一口吃下即可。

如果不是条形的面，直接用叉腹舀起就可以了。

不管是什么样的意大利面，都切勿搅拌面条或用汤匙来吃。

甜点要用小叉勺

蛋糕　用小叉子分割取食，较硬的蛋糕用刀切割后，同样用小叉子取食。如果是小块的硬饼干，可以直接取用。

冰淇淋　吃冰淇淋一般使用小勺。当和蛋糕或馅饼一起吃或作为主餐的一部分时，要使用一把甜点叉和一把甜点勺。

馅饼　吃水果馅饼通常要使用叉子。但如果主人为你提供了一把叉子和一把甜点勺的话，那么就用叉子固定馅饼，用勺挖着吃。如果馅饼是带冰淇淋的，这种情况下，叉、勺都要使用。如果吃的是奶油馅饼，最好用叉而不要用手，以防止馅料从另一头漏出。

果汁冰糕　如果作为肉食的配餐可以用叉食用，如果是作为甜点食用，则使用勺子。

炖制水果　吃炖制水果要使用勺子，不过可以用叉子来稳住大块水果。遇到樱桃、梅干、李脯等有核水果，需要将核吐到手心里，然后放在盘边。

咖啡要优雅地品

餐后饮用的咖啡，一般都使用袖珍型的杯子。这种杯子的杯耳较小，手指无法穿过去。但即使用较大的杯子，也不要用手指穿过杯耳端杯子。正确的喝法应是用

右手拇指和食指捏住杯耳，左手轻轻托着咖啡碟，慢慢地移向嘴边轻啜。不要满把握杯、大口吞咽，也不要俯首去就咖啡杯。喝咖啡时，嘴里不要发出声响。添加咖啡时，不要把咖啡杯从咖啡碟中拿起来。两手端着托碟或者杯子，看起来不文雅。但是，在离开沙发或桌子以及站立谈话的时候，需要手端托盘。

喝咖啡时，餐厅会附上一只咖啡匙，它的用途在于搅散糖和奶精，所以不要拿糖罐及奶精罐中的汤匙来搅拌自己的饮料，饮用咖啡时应当把它取出来。不要用匙舀起咖啡来喝，也不要用咖啡匙来捣碎杯中的方糖。喝完咖啡后，咖啡匙要放在碟子上，不能放到餐桌上。

给咖啡加糖时，砂糖可用咖啡匙舀取，直接加入杯内；也可先用糖夹子把方糖夹在咖啡碟的近身一侧，再用咖啡匙将方糖轻轻地放到杯子里。如果直接用糖夹子或手把方糖放入杯内，可能会使咖啡溅出弄脏衣服或台布。

如果咖啡太烫，可以用咖啡匙轻轻搅拌使之凉一些，或者等自然变温后再饮用。用嘴将咖啡吹凉，是很不文雅的动作。注意，搅拌的时候手腕不要动，是用手指轻轻搅动咖啡匙。

如果红茶需要加柠檬，不要将柠檬一直放在杯子里，借味之后要用小勺子捞出来放在杯子外侧的托盘上。

喝咖啡时可以吃一些点心，但不要一手端着咖啡杯，一手拿着点心，吃一口喝一口地交替进行。喝咖啡时应当放下点心，吃点心时则放下咖啡杯。

水果不要整个咬

吃水果时不要拿着水果整个去咬，应先用水果刀切成几瓣，再用刀去掉皮、核，用叉子叉着吃。

苹果、梨 在宴席上，要用手拿取苹果或梨，放在盘里。可以用螺旋式将其削皮。如果觉得比较有难度的话，就把水果放在盘中，先切成两半，再去核切块，然后用叉或水果刀食用。如果场合更加随便点的话，可以用手拿着吃。

鳄梨 带壳的鳄梨需要用勺来吃。如果切成片装在盘子里或拌在沙拉里，要用叉子吃。

香蕉 如果是在餐桌上吃香蕉，要先把皮纵向划一条直线后剥开，再用刀从左边开始切成段吃，不要用手拿着剥皮直接吃。

柚子（橙子、橘子） 吃柚子时，要先把它切成两半，然后用茶匙或尖柚子匙挖出食用。剥橙子皮有两种方法，两者都要使用尖刀。方法一：螺旋式剥皮。方法二：先用刀切去两端的皮，再竖直将皮一片片切掉。剥皮后，可以把橙肉掰下来。如果掰下的部分不大，可一口吃掉。如果太大，要使用甜食刀叉先切开，后食用。如果橙子是切好的，也可以像吃柚子那样使用柚子匙或茶匙挖着吃。吃橘子要先用手剥去皮，再一片一片地吃。

葡萄　对于无籽葡萄没什么讲究，一粒粒地吃就行。若葡萄有籽，要把籽吐到手中，再放入自己的盘中。要想容易地剥去葡萄皮，则可以将蒂部放在嘴边，将果肉挤入口中，最后把剩在手中的葡萄皮放在盘里。

菠萝　通常出现在桌子上的菠萝都是已经处理好的纯果肉，所以吃起来很简单，吃鲜菠萝片时，要使用刀和叉。

草莓　大草莓可以用手拿着柄部，蘸着自己盘中的白砂糖整个吃，然后将草莓柄放入盘里。如果草莓是拌在奶油里的，当然要使用勺子。

西瓜　切成块的西瓜一般用刀和叉来吃，吃进嘴里的西瓜籽要吐在手中，然后放入自己的盘中。

浆果、樱桃 吃法很多，可视情况而定，一般来说，吃浆果时，不管有无奶油，都要用勺子；吃樱桃要用手拿，将樱桃核吐在手中，然后放入自己的盘子。

巧吃沙拉不狼狈

沙拉要用叉子来吃，但是如果沙拉的块太大，就应切开以免从叉子上掉下来。

如果沙拉里有豆类，可以用刀把豆子推到叉子上，再送入嘴里。如果是美国式的吃法，就可以用叉子舀起豆子来吃。

1 2
3 4

1. 当遇到必须自己加酱汁的情况时，要小心不要泼出来，要用汤匙舀进盘子里。
2. 大片叶子不易入口时，建议先用叉子压着蔬菜，用刀子将叶子一层一层折成小块，这样就能很方便地食用。
3. 番茄或芦笋等无法一口吃下去的蔬菜，也请记得先切成易入口的大小。
4. 遇到细碎的蔬菜叶，可以将多片集结在一起之后，用叉子来叉。由于菜叶易滑落，最后可以再插上一片小黄瓜之类的果蔬，更便于叉食。

专家提示

哪些食物可以用手拿着吃?

下面是一些可以用手拿着吃的食物：带芯的玉米，肋骨，带壳的蛤蚌和牡蛎，龙虾，三明治，干蛋糕，小甜饼，脆熏肉，蛙腿，鸡翅和排骨（非正式场合），土豆条或炸薯片，小萝卜，橄榄和芹菜等。

如果实在不知道该不该用手拿着吃，就慢半拍，跟着主人或者别人做。

你有不良的用餐习惯吗

◎ 不管正式宴会还是非正式宴会，入座或离座均应从座椅的左侧进出为宜。

◎ 不要用自己的餐具为他人夹菜、舀汤或选取其他食物。

◎ 不能将盘里的食物全部切好后再用右手拿叉子吃。

◎ 已放置好的餐具不可随意改变位置，不过如果你是左撇子，在吃的时候可将刀叉互换左右使用。用餐完毕后，餐具必须依右撇子的人的用法放置，即把刀口向内、叉齿向上、刀右叉左地并排纵向放于餐盘上。

◎ 在切割食物时不能弄出声响来。

◎ 先品尝食物，后加盐和胡椒粉。不要往蔬菜上抹黄油，否则会被认为是对厨师的侮辱。

◎ 盘内剩余少量菜肴时，不要用叉子刮盘底，更不要用手指揩拭，应以小块面包或叉子辅助食用。

◎ 吃面条时不能拖泥带水地用嘴吸溜面条。

◎ 骨头或者不吃的食物，不能扔到地上或者放到桌布上，而应当放到盘子的一角。

◎ 如果需要远处的物品时，不能站起来或者伸手去拿，而是应当礼貌地请坐在附近的人递给自己。

四、自助餐礼仪：自然从容不失礼

尽管自助餐气氛比较随意，但其中也有一些礼仪细节需要注意，否则这些失礼的举动就容易让你在众目睽睽中成为大家侧目的焦点人物。值得注意的是，参加自助餐会可以不准时达，迟到 5 ~ 10 分钟是被允许的。到达餐厅时，假如有大一些的手提包或者外套，应先寄存在餐厅的寄存处，如果一到场就马上去拿取食物就比较失礼了。

拿取食物：优雅取食的不二法则

杯盘不能随意端

为了便于取菜，自助餐的杯盘都应该用单手拿。通常空出盘子左下方的四分之一，先垫上餐巾再放上酒杯。用左手拇指和食指端着盘子上的杯子，用中指、无名指、小指三个手指支撑整个盘子，以便稳定杯子和盘子。

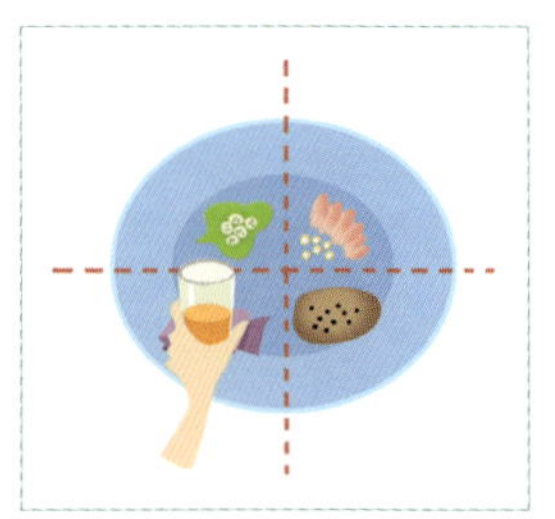

如果进餐中间需要暂时离开，为了避免再次回来时认不出来自己的杯子，在离开前可以先将餐巾折叠成某种特别的形状，垫在杯子下面做记号。

取食的顺序

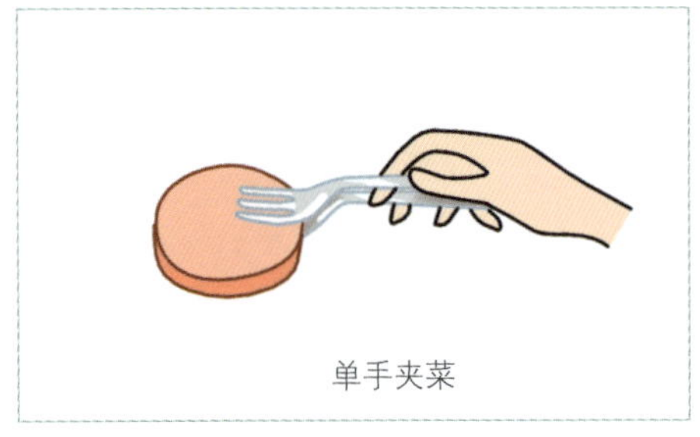
单手夹菜

双手夹菜

甜点沙拉最后取

通常自助餐是依照前菜、汤、鱼类料理、肉类料理、沙拉、甜点的上菜顺序依次呈上，所以夹菜的顺序也应该按照上菜的顺序来夹，不要一开始就拿取甜点或者沙拉。

交流从品菜开始

在自助餐会上，如果只和熟人说话，那就错过了扩大交往的机会，应当主动与不相识的来宾微笑，并打招呼，同时主动寻找一些可以交流的话题，主动结识新的朋友。

初次见面时可以从自我介绍开始，可以谈谈对餐会的氛围或者菜品的感想，也可以把餐会的主办方作为话题，还可以谈谈自己的工作。

作为主人邀请的宾客，如果发现有人孤零零地站在一边，你有责任帮助主人照顾好客人，可以主动上前交谈，向他介绍你熟悉的人。

九个就餐礼仪细节

◎ 如果饮料或者酒没喝完但不想继续喝，请让服务生拿走杯子，不要将杯子堆放在自己面前。

◎ 取菜时如果需要排队，应跟随着队伍前进，轮到自己取菜时不要东挑西拣，迅速取完菜后离开摆菜桌，不要在摆菜桌附近吃东西或者聊天。

◎ 不要在摆菜桌附近抽烟，应该在备有烟灰缸的桌子旁或吸烟区抽烟。

◎ 不能独自一个人闷头用餐，要主动和周围的人聊天交流。

◎ 不要坐着吃饭。有许多酒会会场的椅子是为“老幼病弱”的人准备的，所以，不要把物品放在上面，也不要坐在上面吃饭。

◎ 拿取食物时，每人最好只拿一个盘子，帮别人拿食物并不太合适。

◎ 往盘子里盛食物时，每次选 2~3 种，估计自己够吃就行了。不能大量装走同一种菜，一次性把自己的餐盘装得满满的也是非常失礼的举动。

◎ 不要把热菜和冷菜放在一个盘子里，每次拿取不同食物要换盘子，用过的盘子或者放到小桌上，或者交给服务生。

◎ 在取菜或说话时，也要注意到前后左右的情况，避免突然转身与别人发生碰撞。

五、鸡尾酒会礼仪：以美酒搭配优雅礼仪

鸡尾酒会在近年来的社交界很流行，这种聚会形式时尚简洁，非常方便人们交谈。通常鸡尾酒会以酒水为主，配备一些小点心。这种形式的设计就是淡化食物，注重结友交流。

鸡尾酒会礼仪细节

鸡尾酒会通常不设座椅，目的是促使客人多走动，增加交往范围。这时你不应当把注意力集中在食物上，而是应当去和更多的人交谈。

有时候会有服务生拿着托盘在场内走动，你可以在他的托盘中拿取食物、酒水。也可以选择自己去吧台拿酒水。有的食物是用牙签串着的，有的则没有牙签，需要用手拿，在拿取这些食物的时候应当拿一张纸巾，随时擦自己的手指和嘴。

应当用左手拿酒杯，随时准备伸出干净的右手去和别人握手。

用完的酒杯和纸巾等，应当在服务生经过时递给他们，不要扔到地上。

六、饮酒礼仪：优雅饮酒的礼仪规则

在正式的宴会上，不管是中餐还是西餐，酒都是美妙和神秘的东西。不过，不论是国酒还是洋酒，尊重不同酒的文化是最重要的。通常，最常见的酒有白酒、啤酒、葡萄酒、香槟酒，不常见的还有威士忌等等。我经常在一些宴会上，看见不少人举着葡萄酒干杯，自己感觉很豪爽，其实这是不妥当的。要知道，白酒的文化是干杯，葡萄酒的文化却是品尝，品尝它的味道和口感，享受它的色彩和美感。因此，饮酒时，如果不了解酒的文化会显得缺乏修养，甚至被人暗暗嘲笑。优雅并且正确地掌握饮酒礼仪体现了现代人的品位和魅力。

1. 基本礼仪：点酒不要装内行

点酒时不要硬充内行。在高级餐厅里，会有精于品酒的调酒师拿酒单来。对酒不大了解的人，最好告诉他自己挑选的菜色、预算、喜爱的酒类口味，请调酒师帮忙挑选。

接受斟酒要优雅

啤酒

只需要用手指尖握住酒杯的中央。如果双手握住酒杯会让啤酒变热。女性可以一只手握着酒杯，一只手托在杯底，这样会显得比较优雅。

葡萄酒

把葡萄酒杯放在桌子上，等待酒倒好，不能用手去扶着杯子，也不能把酒杯倾斜。当别人为你斟酒时，如不需要，可简单地说一声“不，谢谢”，或以手稍稍盖住酒杯，表示谢绝。

祝酒时的必要准备

通常在宴会中，会由主人向主宾祝酒。作为主宾参加宴请时，应了解对方的祝酒习惯，如为何人祝酒、何时祝酒等等，以便做必要的准备。在主人和主宾致辞、祝酒时，其他人应暂停进餐，停止交谈，注意倾听。

碰杯时，主人和主宾先碰，人多可同时举杯示意，不一定碰杯。祝酒时注意不要交叉碰杯。主人和主宾讲完话与贵宾席人员碰杯后，往往到其他各桌敬酒，遇此情况应起立举杯。碰杯时，要目视对方致意。

敬酒先应分主次

敬酒也是一门学问。一般情况下敬酒应以年龄大小、职位高低、宾主身份为序，敬酒前一定要充分考虑好敬酒的顺序，分清主次。即使与不熟悉的人在一起喝酒，也要先打听一下对方身份或是留意别人如何称呼，这一点心中要有数，避免叫错人名或称呼而出现尴尬的局面。

敬酒时一定要把握好敬酒的顺序。有求于某位客人时，对他自然要倍加恭敬，但是要注意，如果在场有更高身份或年长的人，则不应只对能帮你忙的人毕恭毕敬，也要先给尊者长者敬酒，不然会使大家都很尴尬。

用餐时，不管是主人还是客人，都不要让女性喝醉酒。另外，为了表达对主人的尊敬，客人在接受主人的敬酒之后，一定要找个合适的机会，回敬主人酒。

喝酒也有大学问

喝酒时绝对不能吸着喝，而是倾斜酒杯，像是将酒倒在舌头上似的喝。

轻轻摇动酒杯，让酒与空气充分接触以增加酒味的醇香，但不要猛烈摇晃杯子。

不敬酒时将酒一饮而尽，或是边喝酒边透过酒杯看人、拿着酒杯边说话边喝酒、将口红印在酒杯沿上等，都是失礼的行为。

干杯时，提议者应起身站立，右手端起

酒杯，或用右手拿起酒杯后，以左手托住杯底，面含微笑，真诚地面对他人。在主人提议干杯后，不一定要一饮而尽，只喝一口也行。即使是不喝酒的人，也要起身，将杯口在唇上碰一碰，以示尊敬。

在西餐宴会干杯时，人们只祝酒不劝酒、只敬酒而不真正碰杯。

专家提示

涂了口红的女士如何饮酒?

将口红印留在酒杯沿上的女士，在社交界通常被认为是没有礼貌的粗俗女人。如果不想给人留下这样的印象，建议用餐时最好使用不脱色的口红，或者是在涂了口红之后用面巾纸轻轻按压，这样就不容易脱色了。

如果实在不小心将唇印印了上去，可以及时用干净的手指尖抹掉口红，再用纸巾擦拭手指尖。直接用纸巾擦拭酒杯的做法是不礼貌的。

2. 葡萄酒饮酒礼仪：饮酒要浅尝细品

通常在选择好葡萄酒后，由做东的人试喝，一般由男士来试喝。试喝的过程如下。

整瓶酒送来后，先确认和自己点的葡萄酒牌子是否一样，如果没问题就示意服务生开瓶。

拿起盛着葡萄酒的酒杯，向外倾斜，首先看看酒杯内是否有如木屑的东西，这些东西可能会影响酒的品质。再看看葡萄酒的颜色。已成熟的酒（低下档的轻清型葡萄酒例外)，杯沿的酒带褐黄色，而杯中央的酒色泽较深。未成熟(可贮藏更久才饮用)的酒内外则多呈紫红色。

然后，拿着酒杯逆时针摇晃，如果是左手拿杯的人则可以顺时针摇晃。把酒杯向内倾斜，低头闻闻味道是否香浓。

呷一口酒，不要太多，也不要太少，转动舌头去体会，在餐厅用酒时，你需要在此刻决定是否接受这瓶酒。

如果试喝结果满意，便可示意服务生继续倒酒。如不满意，可对服务生表示不接受。这时，服务生可能会自己也喝一点来确认，如果酒真的有问题，高级西餐厅一般会收回该瓶酒。

需要注意的是，喝酒前应用餐巾抹去嘴角上的油渍，以免有碍观瞻，且影响对酒香味的感觉。

葡萄酒杯的拿法

正确的握杯姿势是用三个手指轻握杯脚。为避免手的温度使酒温升高，应用大拇指、中指、食指握住杯脚，小指放在杯子的底台起固定作用。

3. 西餐与餐酒的美妙搭配

正式的西餐宴会上，酒与菜的搭配十分严格。一般来讲，吃西餐时，每道菜肴要搭配不同的酒水，吃一道菜便要换一种酒。

西餐用酒有三类

西餐宴会上的酒水，可以分为餐前酒、佐餐酒和餐后酒三种。

餐前酒又叫开胃酒，是在正式用餐前或在吃开胃菜时与之搭配的。餐前酒有鸡尾酒、雪利酒和香槟酒。

佐餐酒又叫餐酒，它是在正式用餐时饮用的酒水。常用的佐餐酒为葡萄酒，而且大多数是干葡萄酒或是半干葡萄酒。有一条重要的讲究，就是“白酒配白肉，红酒配红肉”。这里所说的白肉，即鱼肉、海鲜、鸡肉，吃它们时需要和白葡萄酒搭配;所说的红肉，即牛肉、羊肉、猪肉。吃这些肉的时候要用红葡萄酒来搭配。这里所说的白酒、红酒都是葡萄酒。

餐后酒，指的是用餐之后，用来助消化的酒水。最常见的是利口酒，又叫甜酒。最有名的餐后酒，则是有“洋酒之王”之称的白兰地酒。

餐酒的四种味道

此外，食物和酒类可以分为四种口味，这也就界定了酒和食物搭配的范围，即:酸、甜、苦和咸味。

酸味　酒不能和沙拉搭配，原因是沙拉中的酸破坏了酒的醇香。但是，如果沙拉和酸性酒类同用，酒里所含的酸就会被沙拉的乳酸分解掉，这当然是一种绝好的搭配。所以，可以选择酸性酒和酸性食物一起食用。酸性酒类与含咸味的食品共用，味道也很好。

甜味　用餐时，甜食会使甜酒口味减淡。所以吃甜点时，糖分过高的甜点会将酒味覆盖，失去了原味，应该选择略甜一点的酒类。这样酒才能保持原来的口味。

苦味　苦味酒和带苦味的食物一起食用苦味会减少。如果想减少或除去苦味，可以将苦味酒和带苦味的食物搭配食用。

咸味 一般没有盐味酒，但有许多酒类能降低含咸味食品的盐味。许多国家和地区食用海产品如鱼类时，都会配以柠檬汁或酒类，主要原因是酸味能减低鱼类的咸度，食用时味道更加鲜美可口。

西餐用酒的禁忌

◎ 饮酒时不能故意把人灌醉，更不能偷偷地在他人的饮料里倒上烈性酒。

◎ 不能通宵达旦无节制地狂欢酗酒。

◎ 不能在酒席上出现争执、恶谑、佯醉等言行举止。

◎ 女性在饮酒的时候更要特别注意举止优雅，“浅尝辄止”，不要因为自己的酒量大，就不顾礼仪，失了风度。

◎ 喝酒时不能发出声音。

◎ 如果弄倒了杯子，把酒洒得满桌都是，不要大喊大叫，可做手势请服务生过来帮忙收拾残局。

◎ 除主人与侍者外，其他宾客一般不宜自行为他人斟酒。侍者斟酒时要表示谢意。如果男主人亲自斟酒时，宾客应该端起酒杯致谢，必要时，还需起身站立，女士则欠身点头为礼。

◎ 西餐通常只使用香槟酒来干杯，所以这时不可以用啤酒或葡萄酒代替。干杯时，应喝下杯中一半的酒为宜。

◎ 在西式宴会上，不能随便离开自己的座位，去与相距较远者敬酒干杯，尤其是交叉干杯，更不允许。

CHAPTER 4

生活礼仪
第四章

DAILY ETIQUETTE

人是社会性的，在生活和工作中，总是会遇到各式各样的聚会，无论是参加会议、聚餐、婚礼，还是与朋友一起观看比赛、演出，你的一言一行、一举一动都会被他人尽收眼底。尽管这时你已经穿上漂亮得体的衣服，但还需要一件特制的华服来装饰气质和修养，这就是日常生活礼仪。

我们经常会看到一些不合时宜的情况，比如：有的人用完公共洗手间，把洗手台和地面上搞得到处是污水；有的人一边陪客人用餐一边忙着接听铃声大作的手机；有的人在婚礼上穿着比新娘还艳丽的衣服；有的人把电影院当成自家的客厅，边看、边吃、边聊……这些行为，有的是因为缺乏文明意识而举止粗鲁，有些则是欠缺礼仪常识引发的错误行为。有所为，有所不为，让我们明理、知礼，不因失礼而成为众人瞩目的“焦点”。

一、日常聚会礼仪：当我们聚在一起

现代社会，各种各样的聚会变得越来越多。聚会是和他人拉近距离的一种方式。距离近了，彼此的认识和了解也就更直接和更容易，你的优点和优势也变得容易显露，而你的缺点和短处同样也更容易暴露。此外，聚会也是你与他人交流和获得认同的有效机会。同样的，人与人走近了，也许别人会更喜欢你，也许适得其反，会更讨厌你，这在于你是什么样的人，你做了些什么。因此，你所要遵从的一个基本社交原则，就是你必须考虑和顾及别人的感受和情绪。假如你善于关照和尊重他人，你会是一个讨人喜欢和被尊重的人。

1. 婚礼礼仪：得体地表达你的祝福

在接到邀请后，首先要立即告知对方能否出席婚礼，因为筹备婚礼的人需要根据人数来安排婚宴的位次。要尽量出席婚礼，如果有不能推托的其他安排而不能参加婚礼，至少应该提前两星期通知新婚夫妇。一旦你的安排与婚礼有冲突，一定要向对方做出解释。

不要自作主张带来其他未被邀请的客人。虽然通常情况下，已婚人士家人的名字也会出现在请柬中，但如果仅邀请了你一个人，那就一定不要带他人前去，小孩子也不行。

不要自作多情地假设别人一定会邀请你，同事的婚礼更是如此。你可能认为请柬被送丢了，或者认为由于筹办婚礼的千头万绪，新婚夫妇和他们的家人把你忽略了。但即便如此，也不要自行前去索取请柬。

一定不要迟到。在仪式举行前的 10~15 分钟就要入座。如果确实迟到了，要悄悄地坐在后面，不要干扰婚礼的进行。在婚车到达的时候，不要混在人群中走来走去。

入乡随俗，每种宗教和文化都有不同的婚礼仪式，因此咨询一下出席婚礼的其他人是必要的，实在不知道就跟着别人做。

态度应该恭谨，婚礼是庄严的。当新娘出现时，不论她是否真的美丽，都不要妄加议论。在新人宣誓的时候，窃笑、咳嗽或者谈话都是非常没有礼貌的。

进入婚礼宴席，要按照主人或主持人的引导就座，如果没有人引导，可以和熟悉的亲友坐在一起，但应注意不要主动坐到“新人桌”或“父母桌”。席间取菜、吃饭要讲究礼貌。新郎新娘到各席敬酒致谢时，大家起立举杯，和新人轻轻碰杯，并道“恭喜”。

让新娘成为最耀眼的人

为了不抢新娘的风头，参加别人的婚礼一定不宜穿白色、很淡的米色系列以及大红色衣服。

如果是参加较为正式的婚宴，男士务必穿深色西服，女士可穿喜庆的套装或连衣裙。如果参加特殊的婚礼，比如在寺庙或教堂举行的婚礼，你应把豪华的饰品取下来，戴上简洁的饰物，穿一身别致优雅的套服。假如婚礼在游泳池边或海滩上举行，男士可穿卡其布的衬衣搭配领带，女性可穿自然、阳光些的服饰。通常浅色服装适合早晨和午后，而深色更适合黄昏和晚上。

如果婚礼仪式后设有舞会，女士也要穿较隆重的衣裙。不过无论穿的多么隆重，都不宜过于袒胸露背，招来太多关注。有些婚礼会有一些宗教禁忌，因此，庄重的服装总比轻佻的服装要合适。如果你自己拿不准，可以多问问参加婚礼的其他人。

当你想送礼金的时候

按一般习俗，参加婚宴都要准备贺礼，受到邀请的人即使不能出席婚礼，也应当准备礼物或礼金。按照中式的习惯，通常要用红纸或专门印制的双喜字封包，里面放进适当的贺礼金，礼金数目可根据客人的经济情况和与新郎新娘关系的远近亲疏而定，但最好要取双数，含六为“禄”，八为“发”，百为“白头偕老”的意思。特别要注意的是广东人忌讳“4”这个双数，因为在广东话中，“4”听起来就像是“死”，是不吉利的。通常情况，在我国有回礼要比送礼大的习俗，所以礼金不能超出新人回礼的能力，按照不少于当地普遍的送礼标准为原则。

如果赠送实物，要琢磨新人的喜好，而不要只按自己的眼光去选购礼物。结婚礼物一定要高档有品质，要大概和主人在婚宴上为你的花费等同。如果是夫妇一起出席，礼物的价值应要翻倍，可以在婚礼前或婚礼当天送到新人家里，要在封包和礼品上写上新郎新娘的名字和“新婚志喜”之类祝福的话，下面具某某敬贺，写明你的全称，而不要只写简称。

礼品包装纸的颜色也有讲究，黑白色代表丧事，绿色为不祥，也不宜用红色包装纸，显得有些俗气，最好用花色纸包装礼品。

婚礼中不宜做的六件事

◎ 切忌取笑或评论新娘新郎的装扮。

◎ 婚宴上每一次敬酒的时间不宜超过三分钟，应该避免东拉西扯没完没了。

◎ 一些既搞笑又有意思的游戏确实有助于将婚宴的气氛推至高潮，但是不能做得太过分。

◎ 大型婚宴由新娘餐桌上的宾客提议祝酒，而小型婚宴则允许所有餐桌的宾客为新人祝酒。

◎ 参加婚礼的来宾如果有事可以提前退场，不必专门和新人打招呼，因为婚礼上来宾往往比较多，不可能一一照顾过来，来宾出席了婚礼，把自己的祝福送到了，也见证了婚礼就可以了。

◎ 新郎新娘挨桌敬酒时，不要拉着新郎或新娘说很长时间的话，这是一种不礼貌的做法。如果想和新郎新娘多聊些别的话，还是以后再找时间的好。

2. 寿筵礼仪：给老人最恰当的祝福

参加祝寿活动，不同于一般性的走亲访友或赴宴，对老人要更加注意细致的礼仪细节。

钟、鞋不宜做寿礼

参加祝寿活动，除了团体性的祝寿仪式，凡参加个人祝寿活动，都要携带一些

寿礼。寿礼一般可选包装精美、做工精细的，含有祝贺健康长寿、吉祥如意意义的食品或物品。在我国有的地区，习惯赠送糕团、寿面的，可以放上红纸或由红纸剪成的“寿”“福”字，或者寓意长寿和兴旺发达的饰花。城市里习惯赠送蛋糕的宾客，亦应注意请糕点师傅在裱花时裱上“寿”字，或画上寿桃等。给老人做寿送礼可送象征健康长寿和表达关怀心意的礼物，比如长寿面、寿桃，或者电热毯、计步器、电子血压计等实用的礼物，忌讳送钟表、鞋子，如果送水果则不送梨，以避免老人比较忌讳的“送终”“邪气”“离别”的发音谐义。

祝寿氛围要喜庆

参加祝寿活动的服饰宜选用色调明快、含有吉庆之意的红、黄等色，切忌穿全黑、全白的服装，也忌穿黑白相配的服装。寿日在我国民间被看作是大吉大利的日子，因此语言以祝贺、颂扬为主。不仅对“寿星”如此，对“寿星”的亲属以及宾客也应如此。一切易引起争论的话题都不宜在祝寿活动或宴席间交谈。即使过去曾与谁发生过不愉快的事，在祝寿活动中见面时也应有宽宏气度，将往事搁置在一边。宴饮要节制，不能饮酒过量，以防止失态。

当自己带小孩参加祝寿活动时，不能让小孩哭闹。当然最好是尽量避免带小孩出席。

传统的祝寿礼仪，一般是同辈只需抱拳打躬，晚辈则须鞠躬，儿孙辈须行跪拜礼。当祝寿活动结束时，如果主人回赠给客人一些回礼，俗谓“敬福”，祝寿者不应拒绝。

3. 葬礼礼仪：安静肃穆地表达悲哀

无论在东方还是西方，葬礼都是一个庄严肃穆的社交场合，所以礼仪要求更加细致和严格。

葬礼服装宜朴素

各个国家在丧礼的具体形式上，根据死者生前的宗教信仰不同而有不同的规矩。但是无论怎样，如果应邀参加丧礼，则应穿深色正式服装，不可穿红戴绿，不用花手帕，切忌浓妆艳抹，不戴装饰品。

悲哀有时需要沉静

接到讣告的亲友熟人，可以写唁函、发唁电给死者的家属，以示哀悼。

给葬礼送花，可在葬礼举行前，通过葬礼承办人或花店办理。如讣告上写明“敬辞鲜花”（no flower），则应当遵从，不必送花。送花时，应附上写有悼唁字句或“献给某某”字样的飘带，并附有赠花者的姓名，要注意外国习惯不用纸花。也有的人写挽联、诗或文章以纪念死者。很亲近的亲友可以登门吊唁，并帮助家属治丧。但如死者的亲人不愿接见亲友，则应当不登门致哀。

西方国家，葬礼一般在教堂举行。葬礼前，灵柩停放在教堂中，由亲友轮流守灵。举行葬礼时，参加葬礼人员在教堂入座，通常是至亲好友在前面，一般亲友在后面。葬礼完毕后，要向遗体告别。

非宗教性的葬礼，常常就在公墓的礼堂或墓地举行。葬礼应始终保持庄严肃穆的气氛。人们深思默祷，向死者沉痛志哀。在西方参加葬礼一般不号啕大哭，不要过分流露悲伤，因为那会增加死者亲属的悲痛。当然也不应强作笑容或谈笑。同死者家属握手时，可以不说话，也可以低声说几句表示悼唁或慰问的话，如“接受我深切的哀悼”“请节哀”“多保重”等。在葬礼进行时，不要目不转睛地注视着哀伤的死者亲属。吊唁者不可三五成群，窃窃私语，不可漫不经心，东张西望，行礼时动作要真挚自然。

4. 观看演出礼仪：留心不要打扰他人

到大剧院观看演出，是隆重、高雅的文娱活动，服饰应该按隆重场合穿戴。观看演出时最好不戴帽子，以免遮挡后面观众的视线。

演出时，不能在场内走动，因此，无论是看电影，还是看演出，都最好能提前几分钟到达，这样可以从容地找到座位。在电影开演或演出开始后入场势必影响其他人，尤其当座位在中间时，边上的观众为给你让路都要受到干扰。

一般来说，观看比较正式的演出，因为特殊原因迟到，只能在演出休息时进场。看电影时的要求略为宽松一些，如果你在开演以后进场，到场内后须等一下，到眼睛能适应黑暗时再找座位，或者让服务员带你尽快找到座位，这时一定要弯腰快步入座。

专家提示

进入或离开座位时应注意什么？

当你进入或离开座位而打扰别人的时候，应该礼貌地说“对不起，借过一下”，如果别人必须起身让你通过，你应说“谢谢你”或“对不起”。如果你第二次必须经过某一个人，你要说“对不起，又打扰你了”。

在通过陌生人面前的时候，男士和女士都应该背对舞台并且紧贴着前排座位的靠背走过去，因为用臀部对着坐着的观众是非常不礼貌的。注意不要让手提包等物品从前面观众的头上拖过去。

当你坐着的时候，也要让出足够的地方让别人通过。如果只把膝盖偏到一边就可以当然最好，但是如果空间太小以至于别人要从你的膝盖处挤过去时，当然只好站起来再坐下，不过动作要快，因为站起来就会挡住后面人的视线。

在剧场观看戏剧演出不宜中途退场，如需要退场要选择在幕间休息时或一个节目结束后。幕间休息时，可以站起来走动走动，放松一下，吸烟者可以到休息室吸烟。但需要注意的是，如果自己的座位在中间，幕间休息的时候要比别人早回到座位上。

演出中保持肃静，不要在座位上动来动去，或将脚抵住前面座位的靠背。女士不要长时间地用手抚弄自己的头发，因为这会影响到后面观众的视线。场内不得吸烟，也不能嗑瓜子、吃零食（电影院可以宽松一些），不能谈话、咳嗽、打呵欠，更不能打瞌睡。各种数码、通讯产品，都应关闭或设为静音。

注意，非常正式的交响音乐会不适宜带年龄太小的儿童入场。即使在电影院，也应该事先提醒自己的孩子在观看过程中要保持安静。

专家提示

观看演出时如何鼓掌？

演出过程中不要鼓掌叫好。节目终了应起立报以掌声。如果是音乐会，你可以先看节目单，了解每一乐章，以便知道最后乐章结束的时刻。假如是第一次听音乐会，最保险的办法是大家都鼓掌时你再加入。也可以等指挥转身面向听众时起身鼓掌。对不如意的节目，也不应表示出不满意或失望，除有政治问题外，一般也应鼓掌。

5. 观看比赛礼仪：争当合格的观众

观看竞技赛会时，要时刻提醒自己当一名合格观众，必要的礼节有利于维护赛场内的秩序。观看比赛时要遵守的基本礼仪包括以下几个方面。

入场应提前几分钟，并尽快坐到观众席上等待比赛开始。

如果比赛场馆有明确的规定，什么样的食品和饮料禁止带入，或者完全禁止在比赛场内吃喝，应自觉遵守。切忌将带皮、壳的食品带进场，口香糖最好也不要携带。在现场看比赛，不吃零食也是对运动员的一种尊重。此外，宠物也是比赛场馆严格禁止带入的。

入场时不要大声喧哗，高声喊叫，更不要拥挤，遇到老弱病残者应主动礼让。进场后对号入座，切忌踩踏座椅。入座时，即使场馆的不同看台之间是相通的，也要注意尽量从场外绕到自己座位所属的看台，不要从别的观众面前挤过去。如果比赛开场，应就近入座，比赛中不能随意走动，待中间休息时再寻找自己的座位。

在比赛中，如组织啦啦队，可统一着装，并指定专人统一指挥，以确保赛场秩序。

举行升旗仪式时，观众应当

面向国旗，肃立致敬，不能嬉笑打闹或者随意走动。对于其他国家的国旗、国徽，也应当本着相互平等、相互尊重的原则，给予应有的尊重和礼遇。

观看比赛应对比赛的双方一视同仁，持公正态度。国际比赛中，要注意国际影响和民族尊严，要在其他国家和民族面前表现出中华民族的自尊、自爱和宽容大度，要能接受各种可能的比赛结果，应热情地为双方运动员加油，要给对方运动员以礼貌的致意，不能在比赛过程中偏袒自己支持的一方而向另一方起哄。

不能纠缠参赛者。应礼貌地对待运动员的比赛，对偶尔失误的运动员要谅解，鼓励他们，不可当场扔东西，出言不逊，发泄自己的不满，以免损伤运动员的自尊心和自信心。不嘲讽、辱骂运动员、教练员，不做有损国格、人格之事。

要支持裁判员的工作。瞬息万变的体育竞技，难免出现判断失误，不应对裁判起哄。

爱护公共设施，不乱涂写刻画。维护场内公共卫生，不随地吐痰，不乱扔果皮果核和包装袋。最好随手带走自己制造的垃圾，如随身带着一个小塑料袋做垃圾袋，把自己的杂物及垃圾收集起来，扔进垃圾箱。看到乱扔垃圾的不文明行为，应主动劝说和制止。

还应注意，许多体育比赛，都有一套固定的观赛原则。观众应提前了解该赛事的相关知识，才不会盲目观赛。

观看比赛时，如果遇到意外情况，如停电，应保持镇定，静静坐在自己的座位上等待组织者的应急措施，切忌随便走动，乱作一团。有小手电或是荧光棒的人可以打开照亮，但不要点燃打火机照明。如果因停电故障需择日重赛的话，要听从工作人员的安排，在应急灯的照亮下，按照体育场各个安全出口指示灯的指引有序退场。

比赛结束时，要向双方运动员鼓掌致意。待比赛完全结束再有秩序地退场，不随便中途退场。退场时不要拥挤，出场后自动疏散，不要围堵运动员，造成秩序混乱。

文明观赛“六不做”

◎ 进入比赛场地后，应关闭随身携带的手机，或将其调成静音。

◎ 比赛过程中拍照不能使用闪光灯；如有禁止照相的规定应遵守。

◎ 观赛时切忌衣冠不整、赤膊上阵。

◎ 室内观看比赛时最好不戴帽子，不要把衣物垫在座位上。

◎ 观看比赛时，不抽烟，不吃容易发出响声的食品。

◎ 不大声喧哗，切忌起哄、吹口哨、怪声尖叫、喝倒彩、扔东西。

田径比赛：鼓掌加油有节奏

最重要的是学会怎样为运动员鼓掌加油。拿短跑项目来说，观众应该在适当的时候为运动员加油。看过百米项目的观众都有印象，当裁判员发出各就各位口令的前后几秒，赛场会突然变得非常安静，这时观众就不应该再鼓掌呐喊，以免使场上运动员由于场外因素而分神。而长跑运动基本不存在这些问题。在一些长距离项目中，一些实力不济的运动员会被前面的选手远远地抛在后面甚至被套圈，即使这样，他们咬牙坚持到终点的顽强精神也值得大家鼓掌。

看田径比赛，不仅需要为运动员鼓掌、欢呼、叫好，更要学会配合运动员的比赛适时地进行有节奏地助威，比如说跳跃项目的运动员在助跑的时候，观众的鼓掌是有节奏的，是配合运动员的步点的，而这种节奏在不同项目中又是不一样的，比如跳远前几跳的助跑节奏就和跳高的助跑节奏不太一样。

高尔夫球赛：贵族运动和贵族态度

高尔夫运动被称为贵族运动，不仅参赛的选手要穿专业的服装，在现场观赛的观众也有一定的服装限制，高水平的高尔夫比赛中有一个不成文的规定，就是进入高尔夫球场不要穿牛仔裤，另外还要穿平底鞋。观看高尔夫比赛时不能进入选手比赛的球道，一般的比赛组织方会将观众区与比赛区分开。如果没有明显的区分标志，观众也不要走到球道上。有些对高尔夫运动一知半解的观众在进场地观看比赛的时候，经常会做一些影响选手比赛的行为，比如在选手推杆的时候发出声响或者鼓掌，这是一种失礼的行为。

乒乓球、羽毛球比赛：别惊扰运动员

运动员在比赛的时候，特别是在发球时，观众不能使用闪光灯给运动员拍照，否则无论是发球方还是接球方都会受到很大影响，尤其是对接球一方。运动员在准备发球的时候，整个赛场应该保持安静，观众的助威呐喊和鼓掌应该在一个球死球之后才可以。运动员比赛时，观众不要随意走动，最好在比赛暂停休息的时候再走动。观看羽毛球比赛同乒乓球比赛几乎一样，唯一不同的是由于羽毛球比赛场地相对比较大，对于观众走动的要求可以稍微放宽，但也不能过于频繁。

网球比赛：这一刻需要安静

网球赛场要求安静的观众秩序，进入网球赛场后，首先要关闭手机或者将铃声调成振动，比赛过程中不大声喧哗，照相机同样不得使用闪光灯。即使选手的表现再精彩，观众也不能在任何时间随意鼓掌喝彩，一定要等一个球死球之后再鼓掌或者喝彩。鼓掌的时间也要适可而止，因为选手在准备发球的时候现场要保持安静，如果现场迟迟不能安静下来，选手就不会发球或者向裁判提出抗议。在网球的比赛过程中，观众是不能任意走动的，去洗手间或者买水等最好在选手 90 秒休息的时候走动，在一个球成为死球的时候再回到座位上。

排球比赛：不要吝啬你的热情

经常观看排球比赛的人都知道，排球运动员的团结协作在比赛中表现得非常突出，每一次进攻得分后队员们都会相互拥抱或击掌相庆，情感的宣泄带动观众将赛场气氛带到最高点，而当失分的时候，队员们也会拍手示意相互安慰，而不是彼此埋怨。

在欣赏排球比赛时，观众也应该学会配合队员们营造一种始终高涨的赛场氛围，适时适度地呐喊助威。无论是主队、客队，每当队员有一次精彩的发挥，观众都应该为之鼓掌叫好。当队员每一次精彩的倒地救球、拦网或进攻得分时，观众在第一时间的掌声和叫好声是对他们最大的鼓励，所以在这个时候可千万不要吝惜你的掌声和嗓音，完全可以将心里的喜悦最大限度地释放出来。当自己支持的球队由于失误而失分时，可以用掌声来表达对他们的理解与安慰，也可以不作声，心中默念"没关系，接着来！"总之，喝倒彩、幸灾乐祸都是赛场中极不文明的表现，同样也是对运动员最大的不尊重。

花样滑冰：关掉你的闪光灯

首先应注意拍照时关掉闪光灯，否则会影响到运动员的发挥。在花样滑冰比赛中，运动员经常会做一些高难度的动作，比如双人滑中的抛接等动作，如果选手正在做这些高难度动作的时候被看台上的闪光灯晃了眼，就很有可能发生危险。其次，尽管抛掷鲜花或毛绒玩具等礼物是花样滑冰运动的一个惯例和习俗，但礼物和鲜花一定要经过严密的包装，如果花瓣和细小的毛绒散落在冰面上，没有得到及时的清理，选手的冰刀滑到上面就非常容易出危险了。

再次，喝彩和鼓掌也是一门学问，鼓掌要选择合适的时机，当选手摆好开场姿势准备开始比赛时，观众应该安静下来，以便选手进入比赛状态，当选手完成了高难度的动作之后观众可以给予掌声和喝彩。如果选手出现了失误或者摔倒了，观众发出惋惜的声音是很正常的，这个时候鼓掌就显得不太合适，当然运动员摔倒之后马上爬起来，观众可以给予鼓励的掌声。相反，不合时宜的鼓掌和喝彩则会让选手有不被尊重的感觉。

6. 参观博物馆礼仪：不做高尚展馆里低俗的人

参观博物馆或美术馆的方式，没有一定的标准，可以如海绵吸水般吸收多方面的知识也可以随自我的性情所至，参观自己喜爱的展藏，不需要太在意专家学者的

专家提示

参观博物馆应该如何着装？

博物馆、美术馆是一个环境相对特殊的场所，馆内展出的都是具有较高价值的文物和艺术品，因此博物馆和展览馆对馆内环境的要求非常高，对参观者也有着一定的要求。比如在着装方面，由于馆内的气氛是高雅的，所以如果参观者衣衫不整，就会和参观环境产生很不协调的冲突。参观博物馆，男士最好是着西装、打领带、穿皮鞋，女士也应尽量避免穿暴露、性感的服装。进入博物馆或美术馆不要戴帽子，可以将大衣、帽子以及携带的杂物存放在衣帽间。此外，出发的时候别忘了穿一双舒适的鞋子，要知道，参观博物馆就是不停地走路，大型博物馆和展览可能要花费好几个小时才能比较细致地观看一遍。当然现在的博物馆都为观众提供休息的地方，但是只有自己的脚可以带着自己的眼睛去参观文物和展品。

推荐，也不需要贪多而囫囵吞枣，参观要重质不要重量。然而，无论如何，作为参观者应带着欣赏、学习的态度参观博物馆，尊重博物馆中的文化资产，以及遵守博物馆礼仪。

进入博物馆，可以先到服务台拿取博物馆简介的折页，了解相关的展览介绍、活动预告以及博物馆的参观须知。了解这些之后，入馆时要注意标示处是否有特别的标示或告示，譬如禁止吸烟、禁止拍照等等。

在展厅中，应该沿着展厅的右侧按次序前进。

博物馆是一个严肃、安静的场所，所以在参观过程中，一定要时刻想着“安静”两个字，不要在博物馆里大声喧哗或使用手机。展览一般都设有讲解员，当讲解员讲解时，应专心听讲，不要随意插话。如果对某一问题感兴趣或想进一步了解情况时，可在讲解间歇时向讲解员有礼貌地提出来。万一讲解员的答复不能使自己满意，也应向讲解员表示感谢，不可流露出不满意的神情，或一声不吭地走开。

博物馆里展出的艺术品都是十分珍贵的，有的展品甚至在世界上都是独一无二的，具有极高的价值。但少数参观者在参观时总是觉得“不过瘾”，一定要亲手摸摸展品，这种做法对展出的艺术品是一种伤害，甚至会起到破坏作用。很多博物馆都有“不要触摸展品”的规定，对于那些价值极高的文物，博物馆也采取了设玻璃罩、隔离线等保护措施。但不是每一件展品都有防护措施，如果参观者不遵守基本的规定，博物馆会“防不胜防”。在参观时，观众应注意查看展品旁的说明，这样做既可以了解展品的基本情况，也会对其价值作出判断。有些展品的说明文字中会有明显的“禁止触摸”的标志，参观者应留心注意。

还有一点，博物馆里大多数的文物譬如绘画、经书等等会因为不适当的光线、不适当的温度或湿度而遭损害。因此当我们参观博物馆时，应避免使用闪光灯。即使站在没有绳索围界的藏品前，也不要太靠近。

不要比展品更引人注目

◎ 不要携带食品杂物进入展厅，一边参观一边吃东西是不文明的举止。如果要吸烟、喝水、吃东西可以到休息室去。

◎ 参观展览、博物馆等开放区域时，要注意展厅中还有很多其他的参观者，所以不能光为了自己看清楚就挤到前面挡住别人的视线。

◎ 如果展厅中不允许拍照，请不要带相机或是偷偷地拍摄。

◎ 切忌在博物馆中高谈阔论，或高声叫喊同伴的名字。

◎ 夫妻或情侣一起参观博物馆时，应注意得体的行为举止，过分亲昵会给人不雅的感觉。

7. 参加舞会礼仪：舞场上的默契

参加舞会时仪表、仪容要整洁大方，尽量不吃葱、蒜等带强烈气味的食品，不喝烈性酒，不大汗淋漓或疲惫不堪地进入舞场。患有感冒的人不宜进入舞场。尚不会跳舞的人最好不在舞场现学现跳，应当待学会后再进舞池。

一般情况下，男士应主动有礼貌地邀请女士，如果是上下级的关系，不论男女，下级都应主动邀请上级跳舞。跳舞时舞姿要端庄，身体保持平、直、正、稳，切忌轻浮鲁莽。男士动作要轻柔文雅，不宜将女士拢得过紧、过近。万一触碰了舞伴的脚部或冲撞了别人，要有礼貌地向对方颔首致歉。一曲终了，方可停舞。男士应送女舞伴至席位，并致谢意，女舞伴则应点头还礼。除此之外，还应讲究文明礼貌，维护舞场秩序，不吸烟，不乱扔果皮，不高声谈笑，不随意喧哗，拒绝一切粗野行为。

专家提示

什么样的观众令人讨厌？

在观看表演或者电影时，如果你有这样的举动，保证会成为让别人讨厌的观众。

◎ 把外衣搭在自己前排座位的靠背上。

◎ 看电影或表演时不停抱怨不够精彩。

◎ 用脚踢前排的椅子。

◎ 不停地离开座位来回走动。

◎ 修剪指甲。

二、探望礼仪：让对方感知你的温暖

一次，我的一个朋友和她的同事去看望住院的朋友。这位同事出于热心，一直在不停地劝说病人不要太忙于事业，如今已有很多人因此而英年早逝，还举了一大堆的生动例子。结果问候还未送到，反倒让病人的笑容僵硬起来。当亲友、同事、同学患病时，探望不仅是人之常情，也要遵守相应的礼节。如果忽视了这些礼仪，可能会好心办坏事，不但失去了探望的意义，可能还会适得其反，搅乱了病人的心境和情绪，甚至一些不恰当的言行还会给病人带来负面的影响。

1. 探望要选好时间

探望病人时，首先应选择适当时机，尽量避开病人休息和医疗时间。由于病人的饮食和睡眠比常人更为重要，所以不宜在早晨、中午以及病人吃饭或休息时间前往探视，上午 10~11 点，下午 2~4 点是探望病人的最佳时机。如果是探望住院的病人，应在医院规定的时间内前往。若病人正在休息，则不应打扰，可稍候或留言相告。

通常，一次合理的探望时间应该控制在 30 分钟以内。

2. 探望时的合适话题

探望病人时，不宜穿颜色过于鲜艳或款式新潮的服装，女士也不宜化浓妆。

应注意言行举止得当。与病人谈话时，一般应先询问病人的身体状况及治疗效果。在病人讲述病情时，要认真地听，不要心不在焉，左顾右盼。在谈话的内容上，针对病人的焦虑心态要多说一些轻松、宽慰的话，以利于病人恢复平静稳定的心情。不要向病人介绍道听途说的偏方、秘方，不推荐未经临床实验的药物。

要多说一些关心、鼓励的话，让病人感到愉快，淡化病痛带来的苦恼，以增强病人战胜疾病的信心。如病人的病情需要保密时，不要和病人一起去乱猜，已知道应保密的病情，更不能对病人进行暗示。注意避免谈论可能刺激对方或有关忌讳的话题。

为照顾病人休息，谈话和逗留的时间应较短。告别时，一般应谢绝病人送行，并询问病人是否有事相托，祝他早日恢复健康。

3. 探望礼物需要慎选

按照日常的习惯，探望病人一般会带去一些礼品。可适当赠送鲜花、水果以及有利于病人健康的食品。

送鲜花以高雅的花束、盆花为宜，香味太浓烈的花不适合送病人。

三、赠送礼物礼仪：礼物代表我的心

有一份礼物一直印在我的脑海里，这么多年过去了，我依然记忆清晰，心生感动。那是我刚去美国的时候，收到了有生以来第一束让我难忘的鲜花。不是因为花很名贵，它只是一束普通的百合花，打动我的是花的包装，特别而雅致，捧在手里，感觉出送花人的用心和心意，那种被宠爱、被重视的温暖感缓缓地流淌过心底。

赠送礼物就像一个播种和收获的过程——种下的是送礼人的心意或愿望，收获的是受赠者的愉悦和满足。选好种子、选准时机、选对方式，便能结出美丽的情谊之花。

1. 送礼送到心坎里

任何礼物都表示送礼人的特有心意，或酬谢，或求人，或联络感情等等。所以，选择的礼物必须与你的心意相符，并使受礼者觉得你的礼物非同寻常，备感珍贵。

最好的礼物应该是根据对方的兴趣爱好选择的，富有意义、耐人寻味、品质不凡却不显山露水。因此，选择礼物时要考虑它的思想性、艺术性、趣味性、纪念性等多方面的因素，力求别出心裁，不落俗套。

一般说来，送礼对家贫者，以实惠为佳；对富裕者，以精巧为佳；对恋人、爱人、情人，以纪念性为佳；对朋友，以趣味性为佳；对老人，以实用为佳；对孩子，以启智新颖为佳；对外宾，以特色为佳。

送营养品、食品、化妆品等应注意保质期，过期的东西不能送，临近保质期的也不要送。

送礼注意对方的喜好和习惯。比如送烟酒给不抽烟、不喝酒的人，对方就不一定领情。

传统礼俗还讲究给老人不能送钟表，因为“送钟”与“送终”谐音，是不吉利的。

中国人讲究送礼成双，但日本人则避偶就奇，喜欢1、3、5、7等奇数，但又忌讳其中的“9”，因为日语中“9”的读音与“苦”相同，而且他们一般送酒不送烟。

长辈送孩子的礼物最好有文化教育和健身娱乐的作用，不宜送奢侈礼物，比如可以送书籍、网球拍等。

了解别人的品位。要知道送礼不是使自己高兴，而是要让别人开心。任何不合别人口味的物品都不可作为送礼之选。

不可包含动机。应当尽量避免一些有影射含义的礼物。

不能送别人旧的东西，礼物始终还是新的好，没有人会喜欢收到二手货。

勿购“有用”的礼物。这个建议特别是针对那些只懂得买家庭用品给自己伴侣的男士们。实用的礼物不但没有想象力，更没有心思，应该记住你是送礼物给一个人，而不是给这个家庭。

送礼物首先要撕掉价签，否则是不礼貌的。送一份明码标价的礼物，好像在提醒对方这份礼物的价值，以及对方应当回赠礼物的价值，这样会让送礼变成等价交换。

精心挑选包装。礼品不同于自用，好的内容重要，好的形式更添彩。送礼原则是尽可能地选漂亮包装。

衡量合理价格，避免因太便宜而失礼或者因太贵重而突兀，其实礼物的价值应以你与收礼者的关系而衡量。

自制的礼物是世上独一无二的，它的个性化会表达你的心思。

领带和腰带是不宜送给男性的，除非你和他有亲密关系，因为这些东西有要拴住对方的意思。同样，送项链、戒指给没有亲密关系的女性也不太合适。

避免送鲜货。即使是给热爱烹调的主妇送礼，也不应该送鸡鸭鱼肉菜蔬。保鲜上的困难不说，它拿来就做、进口就吃的特性会让它不太像是个礼物。

送给远方客人的礼品，要不易碎，不笨重，便于对方携带。

专家提示

不同国家的人喜欢什么样的礼物？

日本：中国的文房四宝、名人字画、工艺品等最受日本人的欢迎。接、送礼物时要用双手，不能当面打开礼物。再次见到送礼的人时要提及礼物的事，并表示感谢。忌送梳子，也不要送有狐狸、獾图案的礼物，因为梳子的发音与死相近。另外，菊花一般是王室专用花卉，所以一般人也不能送菊花。

美国：去美国人家中做客一般不必备厚礼，带些小礼品如鲜花、美酒和工艺品即可，如果空手赴宴，则表示你将回请。

英国：英国人讲究外表，一般送礼都是花费不多的东西，如巧克力，名酒和鲜花也是英国人送礼的最爱之物。对标有公司标记的礼品，英国人普遍不欣赏。切记不要送英国人百合花，因为这意味着死亡。

拉丁美洲：在拉丁美洲不能送刀剪，否则认为是友情的完结。手帕也不能作为礼品，因为它是和眼泪相联系的。拉丁美洲人喜欢小型家用产品，比如厨房用具等。

欧洲：送礼在欧洲国家不大盛行，主人不会因为对方未送礼或礼太轻而产生不快。法国人将香槟酒、白兰地、糖果、香水等视为好礼品，体现文化修养的书籍、画册也深受欢迎。

俄罗斯：送鲜花要送单数。用面包与盐招待贵客，表示友好和尊敬。最忌讳送钱给别人，因为这意味着施舍和侮辱。

阿拉伯国家：中国的工艺品在这一地区很受欢迎，造型生动的木雕或石雕动物，古香古色的瓷瓶、织锦或香木扇，绘有山水花鸟的中国画和唐三彩，都是馈赠的佳品。向阿拉伯人送礼要尊重其民族和宗教习俗，不要送古代仕女图，因为阿拉伯人不愿让女子的形象在厅堂高悬。不要送酒，因为多数阿拉伯国家明令禁酒。向阿拉伯女性赠礼，一定要通过她们的丈夫或父亲，赠饰品给女性是大忌。

2. 找对时机送好礼

礼物一般应当面赠送。但有时参加婚礼，也可事先送去。礼贺节日、赠送年礼，可派人送上门或邮寄。这时应随礼品附上送礼人的名片，也可手写贺词，装在大小相当的信封中，信封上注明受礼人的姓名，贴在礼品包装的上方。

送礼的时间间隔也很有讲究，过频过繁或间隔过长都不合适。时常大包小包地给别人送礼，目的性太强会让人惊恐。另外，礼尚往来，人家还必须还情于你。一般来说，以选择重要节日、喜庆、寿诞送礼为宜，这样送礼的人既不显得突兀虚套，受礼的人也心安理得，两全其美。

通常情况下，当众只给一群人中的某一个人赠礼是不合适的，就算是给关系密切的人送礼也不宜在公开场合进行。因为受礼人会有受贿和受愚弄之感，而且会使没有受礼的人有受冷落和受轻视之感。只有礼轻情义重的特殊礼物、表达特殊情感的礼物，才适宜在大庭广众面前赠送。因为这时公众已变成你们真挚友情的见证人。

3. 礼物清单上的禁忌品

在社会交往中，以下一些物品是比较忌讳作为礼物赠送的：现金或金银珠宝，粗制滥造之物或过季商品，药品，有违社会公德或法律之物，有违他人习俗禁忌之物，广告用品。

4. 如何接受你的礼物

接受礼物时，应当态度友善、举止自然。切忌过于兴奋到无法自制，对送礼者虚情假意的敷衍，表现得不在乎或者过于冷淡都是非常没有礼貌的。

接受礼物时应该双手接礼，然后用右手与对方握手并先表示谢意，然后才可拆看或者暂时放在一边。

如果接受的是鲜花，应表示高兴，面带微笑，可以欣赏一下，并闻一闻花香，让送花人感受到你对花的喜欢。

礼物要当面打开

收到礼物最好当着对方的面拆开，以便大家共享礼物的快乐。在打开礼物之前，应当首先认真地看礼物上附带的卡片，然后注视送礼物的人，并向对方致以微笑。小心地撕开礼物包装，尽量不要撕得太难看，看到礼物时应该表示高兴，并再次感谢送礼者。

5. 巧妙拒绝礼物

有时候，对于别人赠送的礼物，你可能会觉得无法接受，在拒绝接受礼物的时候一定要注意方式方法，礼貌地拒绝别人，否则很有可能导致双方都尴尬。

说“不”并不简单

通常，有以下几种比较礼貌的拒绝方法。

先收后退 如果当着很多人的面拒绝别人的礼物，无疑会让对方觉得很难堪，所以建议在这个时候

先将礼物收下，然后单独将礼物原封不动地退还给送礼人。要注意收下的礼物不能拆封、更不应该使用，要争取在 24 小时内送还，否则容易让人误解为你已经收下。老师如果觉得接受学生的礼物不妥，不要当面拒绝，应先收下礼物，然后通过家长谢辞。

委婉拒绝　可以在对方准备送礼物时，委婉暗示对方自己可能无法接受礼物。

直接说明原因　在涉及公务方面的往来中，如果遇到别人赠送贵重礼物时，可以采取直接告知不能收受礼品原因的方法来拒绝对方。

6. 聪明地回礼

礼尚往来，是人之常情，但要注意把握分寸和时机。接受别人礼品后，应该铭记在心，在适当的时候，向对方还礼。我们要注意还礼的时间和还礼的方式。要注意还礼不是“还债”，而且要讲自觉自愿。还礼次数也不要过多，完全没有必要再三再四地还礼，否则容易变成双方的一种负担。

“后会有期”的回礼时机

如果还礼过早，别人容易认为是“等价交换”或怀疑你想跟自己“划清界限”，如果拖延太久，等事情完全冷淡了再还礼效果也不好。

选择还礼的时间，要讲“后会有期”。以下是几种很好的还礼机会。

◎ 和对方赠送自己礼物时相同的机会。

◎ 在对方或其家人的某个喜庆活动时还礼。

◎ 在此后登门拜访时还礼。

回礼时的对与错

我们在还礼的时候要选择得体的还礼形式，如果还礼的形式不对路，“还”不如“不还”。下面还礼的几种形式，可以让我们借鉴。

◎ 赠送对方所送的同类物品。比如，你送我书刊，我可以给你影碟。

◎ 可以选择和对方相赠礼品价格差不多的物品作为还礼。

◎ 可以用某种意在向对方表示尊重的方式来代替，不必非要还礼，一般对方也是非常愿意接受的。比如，在受礼后，口头上或书面上向对方致谢，或者见面的时候使用对方的礼物等。

CHAPTER 5

出国旅行礼仪
第五章

TRAVELING ABROAD ETIQUETTE

其实，很多外国人对中国人是不了解的，他们不仅大多没有来过中国，也并不了解中国真实的情况，他们对中国的印象多还停留在张艺谋《红高粱》中描写的那个时代，正如我们很多人对越南人的印象也多停留在越战时期瘦弱矮小的样子。因此，出国在外的中国人，是外国人获取关于中国的信息最直接的第一印象，别忽视了你的一言一行，它们会构成世界各地的人对我们国家的评价。

近距离接触既可能获得“美”，也可能放大“丑”。这让我想起十几年前在美国时的一些深刻感触。那时，我和朋友经常去拉斯维加斯。拉斯维加斯是全世界最著名的赌城，也是全世界最吸引人的休闲城市。每年世界各地的富有者在假期度假或周末休闲都会涌向这个城市。

因为是休闲之都，在那个城市，除了保安、酒店经理外是没有人穿西服的，再富有的世界富豪，再显赫的国家元首，也不会穿西服。如果见到一群一队穿西服的人，一定是中国的出访团队。那时的中国人，大多穿着蹩角的西服，打着耀眼的领带，头发蓬乱油腻，也缺乏基本素养，横穿马路、排队插位、随地吐痰、大声喧哗……

当然，如今的情形大不相同，一大批中国精英开始有尊严地行走在世界各地，他们穿着有品质的服饰，修剪着整洁的发型，拥有了优雅的气息。他们成为中国新时代的标识，让中国人在国际社会变得受人尊重，有了尊严。

然而，对于不少中国人来讲，还是普遍缺乏应有的国际礼仪常识。而这些礼仪常识不仅会影响你的个人形象，还直接影响着国家形象。

一、出境前的准备：知己知彼准备充足

在一个陌生的国家，你更需要得到别人的友善和帮助，然而不同的国家、不同的民族、不同的文化，人与人之间的交往方式差异很大。假如你不了解当地的文化和习俗，很可能会成为一个不受欢迎的人，你的境外生活和工作也可能会由此变得孤独和苦涩，甚至步履维艰、困难重重。

出国旅游之前应充分了解所需手续的办理程序以及目的地国家的礼仪习俗。迈出国门，就进入了一个与我们的生活习俗大不相同的地域。如果不预先对目的地国家作些了解，不入乡随俗，很可能招致不必要的麻烦，使美好的旅途留下遗憾。

1. 领取护照和办理签证

出国旅行都要领取护照。护照是公民出入国境和在国外的身份证件。

因公出国人员的护照，由外交部或外交部授权的机关（省、市、自治区外办）办理。因私出国人员的护照，由公安部授权的机关（地方公安局)办理。

护照办好后，就可以申请签证，并凭护照购买国际航班机票和车、船票等。签证是一国官方机构对本国和外国公民入、出国境或者在本国停留、居住的许可证明。签证种类有：入境、出境签证，过境签证，旅游签证，居住签证等。

办理签证所需的时间因所去的国家不同而不同，一般要在一个星期以上。

2. 出入境要办哪些手续

任何国家对入出境旅客均实行严格的检查手续。办理这些手续的部门一般设在旅客入出境地点，如机场、车站、码头等。入出境手续包括以下四个方面。

边防检查

很多国家由移民局负责边防检查，主要是填写入出境登记卡片(有时在飞机上填写)、交验护照、检查签证等。有些国家免办过境签证，并允许旅客出机场到市内参观，只是将护照留在边防领取过境卡片，返回时再换回。

海关检查

一般仅询问一下是否有需申报的物品，或填写旅客携带物品入出境申报单。必要时海关有权开箱检查所带物品。持外交护照者一般可免验。各国对入出境物品管理规定不一，一般烟、酒等物品按限额放行。文物、武器、毒品、动植物等为违禁品，非经特许不得出入国境。澳大利亚、新西兰等国家规定，游客入境时严禁携带食物，包括水果、火腿肠、榨菜等等。

安全检查

近年来由于劫持飞机事件时有发生，因此，各国对登机的旅客一般都要进行一定的安全检查。主要是禁止携带武器、凶器、爆炸物等。检查方式包括搜身、过安全门、用磁性探测器检查、红外线透视等。

检疫

交验黄皮书，即预防接种证书。有些国家有时免验。为防止某些传染病的蔓延，各国都有到本国旅行需进行某种预防接种的规定，如种牛痘、防霍乱、防黄热病的接种等。这些接种的有效期限是：牛痘自初种后 8 天之复种日算起，3 年内有效；预防霍乱自接种后 6 日起 6 个月内有效；预防黄热病自接种后 10 日起 10 年内有效。

根据疫情的分布，不同地区、不同时期对预防接种要求不同，办理接种手续前应作了解。各省、市、自治区卫生防疫站负责接种并发给黄皮书。

3. 收拾好你的行李箱

收集相关资料，最好准备一本目的地国家的旅行手册，了解当地的风俗习惯。当然也可以上网查询。如果英文较差，可以准备两本快译通。当你需要和别人沟通时，把其中一本给对方，让他们将要说的话按在快译通上，便可以两个人一起对话了。克服语言沟通的障碍，可以使你避免一些因语言不通带来的麻烦。

应携带质量较好的行李箱，在旅途中发生行李破损等事情将会给旅行带来很大的不便。

一些被视作私人用品的拖鞋和洗漱用具，欧美国家及韩国等一些国家的酒店一般不配备，最好自带。

不要携带大量的现金出境消费，因为这无形中增加了许多不安全因素，而大量的货币兑换会花去很多时间。国外大多数地方的消费习惯是用信用卡。

专家提示

准备一些环保袋

在准备出行用品时，可以多准备一些环保小袋子。因为很多国家都非常注意环境保护，不允许随意丢弃果皮、饮料瓶等废物。有了这些小袋子，可以帮你解决很多小烦恼。

二、入境时的礼仪：当你跨过国界线时

1. 好礼仪出境少麻烦

行李托运、换登记牌

乘坐飞机通常要求在起飞前半小时前登机。飞机场一般都设在城市的郊区，距市区较远，一定要预留出充足的时间，避免由于塞车等特殊情况造成迟到，延误航班，给大家带来麻烦。尤其是团队出行时，更应该考虑到这一点。

凭客票及本人有效身份证（或护照），可以在指定值机柜台办理乘机和行李交运手续，领取登机牌。注意，能够托运的行李尽量托运，以免带上飞机占用过多的机上空间。因为飞机在空中飞行时，空间体积非常有限，应该尽量考虑到这一点，让自己占据更少的“自我空间”，这是空中飞行礼仪的特点。

不要携带易燃易爆的危险品以及小刀等物品。指甲刀或女士日常使用的修眉刀与修眉剪应当事先放在托运的行李当中，不要随身携带，否则这些物品可能无法通过安全检查。如果需要随身携带液体物品，在通过安检通道时应把液体物品拿在手中或放在容易拿出的地方，节省安全检查的时间。

边防检查

排队依次等候边防检查，注意不要与前面的旅客站得太近，离前面的人至少要半米左右的距离。更不要对周围的旅客推推搡搡，尽量避免与他人的身体碰撞。

如果排队时有人插队，不要怒气冲冲地指责对方，而是用一种提醒的口气告诉对方：“队尾在那边呢”“大家都在排队呢”。不知道应该排在哪里的时候可以问：

“是在这里排队吗”“这里是队尾吗”。

自己排队时，必须离开一会儿的情况下要说：“劳驾，我立刻就回来。”排队时为同伴占位置，要对后面的人说：“我后面还有一个人。”以免让对方产生误会。

快到柜台时，一定要站在黄线后等候。确认出境卡是否填好，并连同护照、签证一并交边防检查站查验。查验时，请摘下墨镜或帽子，尽量与你的护照照片上的形象保持一致。过关后将身份证等证件收妥，因境外只需要护照，身份证不再使用。

专家提示

排队时的“四不”原则

在欧美国家，排队有约定俗成的“四不”原则：不贴身、不越线、不扎堆、不穿越。排队时要离前面的人至少半米的距离，距离太近了是无礼的行为；在有画线的地方不要越线，否则会有偷窥别人隐私的嫌疑；排队时要一字形站开，不要扎堆，否则后来者不知该跟随前面的哪一位；别人排队时，其他人最好不要从队列之间穿越。

候机及登机

你可以根据登机牌所显示的登机口号在相应的候机厅候机休息，听广播提示登机。登机时，不要急切地拥挤到登机口处，应自觉排队。如果你的座位号在过道的两端，最好不要抢在前面登机，因为这会因为放置行李挡住过道而增加其他旅客的登机时间。

如果你有随身行李需要带上飞机，应尽量将其拎在身体的前方上飞机。不要把体积很大的旅行包背在肩上，也不要放在地上拖着走，因为这样容易碰到坐在走道旁边的乘客。

不要抢占飞机上的行李箱。把你随身携带的手提箱、衣物等整齐地放入自己座位上方的行李舱中。要小心，不要让你的东西掉下来砸到下面的乘客。通常，乘务员会在飞机起飞之前检查行李是否放好。不要给乘务员增添太多的麻烦，以免延误起飞时间。

2. 不做令人生厌的乘客

在飞机上坐下时可以向你旁边的乘客点头示意。如果对方没有想和你聊天的意思，不要去打扰他。对于很多工作繁忙的人来说，飞机上的时间是非常宝贵的休息或放松时间。

同样，假如你的邻座正在工作或思考，不要打扰他。反之，如果你受到了干扰，你可以直截了当地说："对不起，我必须在到达之前做完这些工作。"或者说："对不起，我想睡一会儿。"一般来说，在用餐时间简短地聊天是不失礼的。

飞机起飞前，一般都会播放安全注意事项。此时，一定要保持安静，仔细聆听。即使你已经对安全注意事项非常熟悉，也不要和你旁边的人说话。你旁边的人也许是第一次乘坐飞机，假如他出于礼貌而和你交谈，就会错过某些与生命安全密切相关的重要内容。按照安全要求去做。比如说，飞机起落时扣好安全带，将座椅靠背放直，不要使用移动电话（会对飞机信号造成干扰）等等。

如果你必须经常离开座位去洗手间或到处走动，应当在上飞机之前申请一个靠过道的座位，否则进进出出会给别人增添很多麻烦。如果事先没有获得靠过道的座位，上飞机后可以请乘务员帮助调换座位。

飞机机舱内通风不良，因此，不要过多地使用香水，也不要使用味道浓烈的化妆品。同样的味道，某些人可能很喜欢，而另一些人可能会感到无法容忍。如果你不想让你周围的人（尤其是那些容易晕车晕船晕飞机的人）反胃，请谨慎处理自己的气味。

如果你对乘务员有意见，可以向航空公司有关部门投诉，不要在飞机上与乘务员大吵大闹，以免影响旅行安全。按照国际惯例，所有空乘人员都不接受小费。

在飞机上就餐时，如果你觉得食物不够，可以向乘务员提出多要一份，但不要点过多的食品。在飞机上同样应遵循优雅的餐饮礼节。不要要求乘务员提供奇特的食品。尽管有的航空公司酒水免费，也不要像占便宜似的多喝酒，以免喝醉后给乘务员和周围的旅客带来麻烦。而且，在飞机上人通常处于缺水状态，酒精的危害会更大一些。在机舱内吃饭，除了食物散发的味道有时会影响到别人，还有就是（自己座位靠近通道）在放下小桌板的时候，会影响到别人出入，自己用餐时，应该对坐在里面的人问一声："我吃点东西，您不出去吧？"

遇到大声吵嚷或者围在父母身边又跑又叫的孩子，应该把情况向乘务员反映，不要生硬地直接和乘客发生冲突。

飞行途中的礼仪细节

◎ 在飞机上进餐时，要把自己的座椅靠背恢复原位。

◎ 有些航空公司提供的餐具、耳机等物品，并非一次性用品，不应带走。

◎ 夜间长途飞行时，注意调节好阅读灯，以免影响其他乘客休息。

◎ 保持卫生间清洁。占用卫生间时间不要过长，不要在卫生间内没完没了地化妆或梳洗。

◎ 在飞机没有完全停稳之前不要急于站立和行走，这样很不安全。要等信号灯熄灭后再解开安全带。

◎ 下飞机时不要拥挤，应当有秩序地依次走出机舱。

3. 进入他国境内的第一件事

填写入境卡

入境卡可以在飞机上或是入境前填写，如有不清楚的地方，可以礼貌地轻声询问同伴、领队或空中乘务员，不要高声喧哗，也可以等别人填好后照着填写。填写时应字迹工整、清晰，姓名、国名、地名等均应采用大写。

入境

入境时，应排队依次等候，不必全部挤在一个通道，可以根据情况分散排队，但切忌不能与同伴高声呼唤或谈笑。请将入境卡连同护照、签证一并交边防检查站查验。

领取托运行李

确认航班号，到相应的行李转盘领取托运行李。行李多时，使用行李推车比较方便。取行李时，应将行李推车顺着转盘停靠，尽量不要影响旁人。如果等候的人较多，可以稍微多等一会儿，因为转盘不断循环，即使这次错过了自己的行李，它也会自动再转回来，没有必要跟着跑动。另外，当你使用完行李推车之后，应将其推到指定位置，或尽量让其靠边，不要影响其他人的通行。

海关检查

如果您携带的物品没有超过免税范围，走绿色通道（无申报通道）；超过或不清楚时请走红色通道（申报通道），接受检查或办理海关手续。

进入到达大厅

当你进入到达大厅时，如果有人接机，你可以耐心地寻找，不可大声呼喊或打招呼。如果你需要等候同行的伙伴，应尽量选择离通道较远的宽敞处，注意不要影响其他旅客的通行。你可以在大厅接客处兑换货币。到达大厅接客处设有市区各大宾馆接待柜台和公交售票柜台。出租车和机场巴士站台位于国际到达出口处。

三、住宿及拜访时的礼仪：你是有教养的客人吗

1. 入住酒店必要常识

到达酒店后，首先应该到前台登记，如果你带了大量的行李，门童会帮助你搬运行李，你可以礼貌地谢过之后就去登记入住。注意有些国家需要付给门童小费，你可以事先了解清楚。

如果前面有正在登记的旅客，应该静静地按顺序等候。与其他客人保持一定的距离等待，不要贴得太近，虽然不必排成一队，也不能乱站乱挤或采取任性无理的态度。

入住酒店要出示护照或其他证件。

在登记并拿到钥匙之后，你就可以乘电梯去房间了，最安全的房间是靠近走廊的房间，因为过往的人很多。注意，欧洲以 G(Ground Floor),

美国以 L(Lobby) 表示一楼。欧洲的一楼相当于我们的二楼。

你要查看紧急出口和安全出口，而且看看你是否需要更多的毯子、衣架、电源插座和毛巾等，最好进房间时就把这些事办妥，不要等到晚上再要，因为晚上的值班服务人员可能会较少，同时也会给别人带来麻烦。

大厅和走廊是酒店生活中的主要公共场所，因此一定要记住，不要表现得像在自己家中一样，甚至穿着睡衣或浴衣转来转去。

此外，还应该注意不要大声说话和吵闹，也不要乱跑乱跳。

遇到雨雪天气，要收好雨伞，把脚上的泥擦干净再进入酒店。

2. 客房内的注意事项

虽然打扫客房是服务员的工作，但是也不能因为有人代劳就不注重保持清洁卫生，废弃物要扔到垃圾筐里，东西尽量摆放得整齐有序。行李最好不要放在门口，会妨碍通行。

如果要连续住上几天，你可以留一张纸条给客房服务员，告诉他们，床单和牙刷不必每天都换，牙膏和洗发水也可以等用完了再换新的，这样的客人一定会受到酒店的尊重和欢迎。

千万不要把现金或贵重的物品放在房间里，你可以把它放在前台的保险箱里。有些酒店的房间里设有保险箱，你也可以把贵重物品存放进去，但一定要设定密码，否则是不保险的。

有人敲门时，除非这人说明身份，否则不要开门。

在房间用餐完毕，要用餐巾纸将碗碟擦干净，放在客房外的过道上方便服务人员收拾。

如果赶上你的生日，可向服务人员说一声，优质服务的酒店会很快把生日礼物送上门来，你不妨试一试。

洗发水、牙刷、香皂、信封、信纸之类的小用品可以带走，但要注意有些物品是有偿使用的。

他乡遇故知一定很棒，但客房毕竟还不是完全属于自己的地方，与朋友欢喜相聚也应该注意节制，会客时间太长是不适宜的，一般不要超过 23 点。还有应该注意交谈的音量，不要影响到其他客人的休息。

酒店提供的自助早餐是不允许外带食品的，所以最好不要用随身携带的水壶或杯子去灌装热饮，更不能把早餐酸奶、水果及鸡蛋等食物携带出来，无所顾忌地在旅游车上或停车服务区等公众场合取出来享用。众所周知，自助餐须酌量而取，不能带走，国内国外都一样，但这个规矩大家在旅行时常常“忘记”。这实际上是一种怕自己吃亏，或贪小便宜的心理。当然，如果你希望在旅途中补充水分，但又不习惯饮用冰水，最好自带电热水壶，自行烧水灌装。到欧美国家要注意带电压为 110 伏的电热水壶。

酒店一般不允许在房间里洗大量衣物，如自己洗小件衣物，可在卫生间晾干。送洗衣房洗衣物，要填好洗衣单，将要洗的衣物装入专门的洗衣袋，由服务员送到洗衣房。

不要让细节破坏你的形象

◎ 爱护酒店的公用物品，切忌用酒店的浴巾、毛巾擦鞋。

◎ 切忌将小件衣服洗后挂在客房的台灯上连夜“烘”干。

◎ 在洗手间，切忌把水弄得整个洗台到处都是。

◎ 电视的音量要适中，更不可太早或太晚开电视，注意不要影响别人的休息。

3. 离开时留下好印象

结账离店是你和酒店的最后一次接触了，怎样才能给人留下一个完美的印象呢？在准备走之前，可以先给前台打个电话通告一声，如果行李很多，还可以请他们安排一个人来帮你提行李。

离开房间的时候，使用过的毛巾等卫生用品要集中放在一起，浴巾搭在浴盆边上，或放在里面，都是告诉别人“已经使用过了”。被子也要稍微整理一下，别乱堆在那里，看起来很不雅观。

别想当然地认为可以从酒店拿走毛巾、睡衣或其他物品，酒店对物品的管理非常严格，这会导致你陷入尴尬的局面，而且到最后要为此付款。如果你想要些纪念品的话，可以到酒店的商店里看看。

如果不小心弄坏了酒店的物品，不要隐瞒抵赖，要勇于承担责任加以赔付。

结完账，礼貌地致谢，道别。

4. 投宿民宅的礼仪

俗语说，客随主便，虽说你和所投宿民宅的主人之间是一种商业化、服务化的关系，但是，对主人的尊重会为你赢来他们对你的敬重和更好的服务。

注意公共卫生，不过于违反正常的作息时间，都会给主人带来很大的方便和感激。如果有时间和主人聊聊天，或者参与到他们的劳动中，相信你可以体会到人与人交往的乐趣，更能增加对当地民风民俗的了解，还会成为你旅游生活中一笔不小的收获。

5. 不做没有预约的不速之客

到外国人的办公室或住所，均应预先约定、通知，在对方没有事先通知请你来吃饭的情况下，要避开吃饭时间。按约定的时间抵达，早到或迟到都是不礼貌的。如发生迟到的情况，应致歉意。进行拜访，一般安排在上午十点或下午四点左右。

最好不要光着脚到别人家里做客，这样看起来不干净。化妆和香水一定要适度，若是穿着长筒靴做客，脱鞋穿鞋都很麻烦，最好还是别穿。

如果你能知道对方喜欢什么当然最好，一般来说，点心、水果、鲜花、酒等是比较合适的礼物，还要考虑对方家里的人数。

到达后，先检查自己的仪表，在按门铃前，先脱下大衣，摘下手套，如果站在门口不脱大衣，会被认为“不想进来”，有些失礼。如果下雨，在室外先把雨伞上的水滴甩干净，然后再问主人放在哪里合适。如无人迎候，进门要先按铃或敲门，经主人应允后方可进入。如无人应声，可稍等片刻后再次按铃或敲门（但按铃时间不要过长）。无人或未经主人允许，不能擅自进入。 因急事或事先并无约定但又须前往时，应尽量避免在深夜打搅对方。如万不得已，非得在休息时间约见对方时，则见面后应立即先致歉意，说“对不起，打搅了”，并说明打搅的原因。

经主人允许或应主人邀请，可进入室内。尽管有时洽谈的事情所需时间很短，也应进入室内，不要站在门口进行谈话。有时，主人未邀请你进入室内，则可退到门外，在室外进行谈话。 进入室内，如说话所需时间较短，则可不必坐下，事毕也不要逗留；如所需时间较长，则要在主人邀请之下方可入座。在预先并没有约定的情况下，谈话的时间尽量不要过长。

如果是家庭拜访，在门厅处对着主人脱鞋时，臀部尽可能别对着主人。别忘了把鞋子摆好，鞋尖朝外。

当主人问起你吃什么或者喝什么的时候，简单地说“什么都行”（即使真的觉得什么都行）会让人无所适从，不如说“请您给我什么”显得更有礼貌。主人热情款待，客人应该尽情享用，即使不是自己很喜欢的食品，最好也象征性地吃一点，不吃不喝有失礼节。

未经主人的邀请或没有获得主人的同意，不能要求参观主人的庭院和住房。在主人的带领下可参观住宅，但即使是较熟悉的朋友也不要去触动除书籍、花草以外的个人物品和室内的陈设。对主人家中的人都应问候，尤其应问候夫人（丈夫）和子女。有小孩在场，应主动与孩子握手、拥抱表示喜欢。但应注意，在佛教国家不能随便摸小孩的头顶，尤其在泰国，认为人的头是神圣不可侵犯的，头部被人触摸是一种极大的侮辱。所以，到泰国人家中做客，不要乱摸小孩的头。

主人家中养有猫狗的，不应表示出害怕、讨厌，不要去踢它轰它。

离开时，应有礼貌地向主人告别，感谢主人的接待。回到家里，应打电话告诉对方自己已平安到达，并对对方的款待表示感谢。如果是很正式的访问，还可以简单地写一个明信片表示感谢，注意不要用铅笔写。

四、旅行中的礼仪：在异国要了解的规则

在旅行途中，应爱护当地的公共财物。对公共建筑、设施和文物古迹，甚至花草树木，都不能随意破坏；不能在柱、墙、碑等建筑物上乱写、乱画、乱刻；不要随地吐痰、随地大小便；不乱扔果皮纸屑、杂物等以免污染环境。

进入教堂等地方，穿着应避免暴露。不要在马路、走廊上数人并排行走。开关门时，如后面还有人，应按住门等候。不要随便露出令人误解的微笑，也不要牵手或勾肩搭背行走。

在很多国家，很多公共场所即使没有禁烟标志，也是不能吸烟的。除非有吸烟标志，或者有烟灰缸才可吸烟。

跟旅行团旅游时请一定守时。导游说好什么时间集合，就一定要准时到达，以免耽误大家的时间，影响下面的行程。

欧美国家许多马路没有交警，没有红绿灯，只在路口处标有“STOP”(停)字样，如果你是开车，开到此处必须先把车停下来，左右查看后，才能继续行驶。先到先行，不能抢行。行人需要通过路口时，可以不必等候，因为当地的驾车者会自觉地停下来让行，但行人一定要尽快通过，并向驾车者挥手致谢。如果同行的人较多，应尽量集中通过，而不要三三两两，耽误过多时间。

看人也要讲方法。欧洲街头多美女，“看人”是旅游的一个重要节目，但不要盯着不放。比如在巴黎街头常见拥吻的男女青年，当地人从他们身后匆匆走过会心一笑而已。如果你盯着不放，还指指戳戳评点一番，就太失礼了。

公共场合请轻声细语斯文说话，请克制兴奋的心情，控制自己的音量。

不要动手动脚。对人动手动脚那叫骚扰，对东西也不例外。欧洲大多数店主不喜欢顾客东摸西摸。无论是在商店还是博物馆，都应尽量注意这点。

很多国家非常注重私人权益，如果未经允许，不能对私人住宅及个人进行拍照

或摄像。即便在公共场所，也应注意哪些设施可以拍摄和录像，哪些不可以，否则有可能陷入麻烦。

在国外，如果你需要饮用热水要说 boiled water，如说 hot water，则会引起误解，以为你需要温开水。

就餐时，切忌一边吃饭一边和同伴旁若无人地聊天，因为这对于习惯了安静吃饭的西方人来说，是无法接受的。

1. 女士优先原则

“女士优先”是国际社会公认的“第一礼俗”。在一切社交场合，每一名成年男子都有义务主动自觉地以自己的实际行动去尊重、关心和保护女士，并且要为女士排忧解难。国际社会公认唯有这样的男子才具有绅士风度，才有教养。

关于“女士优先”原则的运用，全球存在着明显的区域性差异。“女士优先”主要通行于西方发达国家、中东欧地区、拉丁美洲以及非洲部分地区。在这些国家地区范围之内，不懂得“女士优先”的成年男性，在社交中必将四处碰壁。

“女士优先”在具体运用的注意

女士称呼放前面 发表讲话演讲时，开场白应以“女士们，先生们”或“玛丽小姐，威廉先生”为顺序，将女士称呼放前面。

先介绍男士给女士 为初次见面的男女双方作介绍时，应先将男士介绍给女士给男士，然后再介绍女士。让女士先了解对方的情况，以便决定如何对待男士。

就餐时看女主人的指示 就餐时，女主人往往是“法定”的第一顺序。其他人的用餐举止，均应唯女主人马首是瞻，而不能贸然行事，或者抢先品尝食物。按照惯例，正式宴会上，女主人打开餐巾，等于宣布宴会开始；女主人拿起餐巾，意味着可以开始用餐；女主人把餐巾放回桌面上，则表示宴会到此结束。

主动照顾女性 在公共场合休息时，男士有义务为女士寻找座位，找到空座，应首先让女士就座。外出时，男士应责无旁贷地帮女士搬运行李。

男士不得拒绝女士的主动邀请 在正式的社交舞会上，通常应当由男士邀请女士，但女士拥有选择舞伴、谢绝男士邀请的权利。女士也可在舞会上主动邀请男士，出于对女士的尊重，男士不得拒绝对方的邀请。

男士应主动走在女士外侧 在室外行走时，男士应自觉地让女士走在人行道的内侧，而自己走在人行道的外侧。这样做，既是出于对女士交通安全的考虑，也是为了防止女士被疾驶而过的车辆所惊扰，或是防止因车辆飞驰而过时可能溅起的污泥浊水弄脏女士的衣服。

2. 小费是一种潜规则

赴海外旅游，大都要遵循国际上旅游服务行业的惯例——付小费。在国外，小费是饭店服务生、导游、司机的主要收入来源。有些旅行团会在整个行程即将结束时，由领队在旅游车上为导游、司机收取小费，并当众交给导游，小费的标准大约为每人每天 20~30 元人民币。

许多国家均流行有顾客向服务人员付小费的习俗。小费，含有一定的礼节性，它在一定程度上表示着客人对服务人员的爱护与尊重。相传，“付小费”之风源于

18 世纪的伦敦，当时，有些酒店的餐桌上摆着写有“保证服务迅速”的碗。当顾客将零钱投入碗中后，必得到服务员迅速而周到的服务，久而久之，遂形成付“付小费”之风。

由于各国各地各行业小费的数额没有统一规定，所以宜入境随俗，酌情支付。在日本，当进入饭店大门时，顾客可向女招待员付一些小费，而对于其他人员可不必付。

◎ 在泰国，顾客所付的小费，无论多少，都是必需的。

◎ 在新加坡，付小费是被禁止的，如若付小费，则会被认为服务质量差。

◎ 瑞士的饭店餐馆，不公开收取小费，而司机则可按明文规定收取车费的10%作为小费。

◎ 在法国，付小费是公开的，服务性的行业可收不低于价款 10%的小费，财政税收也将小费计入。

◎ 在意大利，收小费属于“犹抱琵琶半掩面”的半公开现象。当遇到“拒收”的示意时，你最好是乘送账单之机递上小费。

◎ 在北非及中东地区，收取小费是“理所当然”的事。许多从事服务性活动的老人与孩子，小费是其全部收入。如遇顾客忘记付小费，他们会追上去索取的。

◎ 在美国，小费现象是极普通而自然的礼节性行为。

给小费也要体谅人。在国外，小费要若无其事地给，大呼小叫地说“喂喂，给您小费”会把服务生吓跑。态度上太轻慢，即使追着给小费，人家也没兴趣拿。

3. 购物也要讲礼仪

在国外买东西前，最好向当地人了解一下情况，在同一个国家、同一城市、同一街道、同一类商品价格有时差异会很大。在不少国家买东西还要加附加税。不同的国家商品税率也不同。有的商品标价上已包括附加税，有的标价则不包括附加税，顾客在付款时需付附加税。

在免税商店购物时，外国旅客需出示护照，由商店填写一份免税单交给顾客。出境时，将免税单和所购商品一同交海关核对。所以，所购物品应随身携带，不要装箱托运。

在试穿衣服的时候，为了不把店里的衣服弄脏，最好穿着衬裙。如果在试穿的时候弄脏衣服、弄坏扣子，不要隐瞒，要告诉店员。

试穿鞋子的时候不要光脚，在一些鞋店里备有专门试穿用的一次性袜子。试过之后如感觉不满意，要面带笑容婉言谢绝。在婉拒别人的提议时，应该从自己的角度上说明原因，比如“这件衣服很好看，但是和我想要的稍微有点差别”。如果想摆脱店员纠缠，可以笑着对店员说：“我想自己随意看看，不麻烦你了，谢谢！”品尝食品的时候只能吃一次，不能没完没了。

有些商店不允许拍照，如果想把款式用手机拍下来，要事先征求店员的许可。

如果想亲手确认商品的质量，在鉴赏高级手表或珠宝等商品时，商店会预备好手套，还有一些商品也是不能用手触摸的，在展示柜台前，通常有写着“如果您要观看，请招呼店员”的标识，要把服务员叫过来帮忙。

即使自己是顾客身份，也别忘了对店员的尊重。店员对你说“欢迎光临”时，不要视而不见，应该看着对方的眼睛轻轻颔首致意。另外，店员帮你选商品、取商品的时候，你应该微笑着说“谢谢”，即使什么也没买，离开时也应该向店员点头示意。

4. 洗手间里的优雅原则

洗手间是我们日常使用非常频繁的地方，也由于公共场所的洗手间是众人共享的，所以在使用时就必须格外注意，以免影响后面人的使用。

排队

不论男士还是女士，如果在洗手间均被占用的情况下，后来者必须排队等候，而排队的方法是在整排的洗手间最靠外处依先来后到的顺序排成一排，一旦其中有某一间空出来时，排在第一位的人自然拥有优先使用权。这与国内各个排在某一间门外、有点赌运气的方式相当不同，如果贸然前去排在门前，必定会遭其他人怒目相视甚至指责。

使用

进去前，一定要先敲门。在门关着的情况下，千万不要贸然闯进去，一定要先敲门确认。

切忌脚踏在马桶的边缘，如果你对卫生状况不放心，可以先用消毒纸巾对边缘进行清洁。

洗手间最忌讳肮脏，所以在使用时请尽量小心，若造成污染要尽可能地加以清洁。

妇女用品也千万别顺手扔入马桶中，以免造成马桶堵塞，另外，大量浪费卫生纸也是相当不妥的行为。只要大家多为下一位使用者着想，自然而然很多事都会考虑后再做了。

在公用洗手间打电话要注意自己讲话的声音和内容。

冲水

不同洗手间冲水开关的位置可能会有不同，大多是在水箱旁，有的是在头顶用拉绳来拉的，也有在马桶后方用手拉的，更有一些是在地面上用脚来踩的，事实上用脚踩的方式是最符合卫生原则的。若你在冲水时害怕手被污染，不妨用卫生纸包住冲水开关再冲水。

用完后

注意盖上座盖，特别是男士，别用完了坐便器站起来就走。用过后要把盖子盖好。有很多人在别人家里用过坐便器不盖盖子，平时一定要注意。

若在无人排队的情况下，离开时不必把厕所门关好，应该留一些缝隙，让后来者不需猜测就可以知道里面没有人，这点与我们的习惯也不太相同。

不要一边整理衣服一边往外走，也不要边走边用手掸身上的灰尘，应在洗手间里完全收拾整齐后再离开。

标示

每个地方的洗手间标识各不相同，一般除了用不同的文字表明外，也有不少地方是用图案来代替的，男洗手间多是烟斗、胡子、帽子、手杖；而女洗手间则多以高跟鞋、裙子、洋伞、嘴唇等来表示。

儿童

稚龄儿童一般是可以和父亲或母亲一起使用洗手间的，但是不成文的规定是，母亲可以带着小男孩一起上女洗手间，没有人会介意，而父亲则不可以带女孩上男洗手间。

小费

在欧洲诸国，上洗手间是须付费的，客气一点是在出口处的桌子上摆着一个浅碟子，使用者可以随意放置一些零钱当作清洁费。

严格一点的则在入门处清楚标示每人的如厕费用若干，有些是要事先付费的，若不付费，看守者就不替你打开锁着的厕门。

还有一些是机械投币式的，在进口设有一自动投币栅门，投下一个硬币门就可以开一次，但也常见一些外国观光客一人卡住栅门让其他人免费通过的情形，这当然是极为不妥的。

洗手

原则上用完洗手间后必须要去洗手，洗手台旁也会有擦手纸与吹手机，一般习惯是先用擦手纸擦干手，把用完的纸扔入垃圾桶后再用吹手机把手吹干，而吹手机多为自动感应式并有自动定时装置，所以不用考虑如何关闭电源的问题。注意使用过后不要把头发、化妆品洒落在水池中，也不要让水溅出来，如果弄脏了水池，要用纸巾擦干净，在镜子前化妆的人，要注意别耽误其他人的使用。

停用

由于清洁工人会不断地巡视各洗手间并进行清洁，在清洁时有时会拖地，此时可能会把洗手间暂停使用，以免有人因此而滑倒受伤，因此会放上“Wet Floor”等黄色显眼的告示牌。若遇此情形，不可坚持使用以免影响清洁工人的正常工作，但可以向其询问最近的洗手间在何处。

5. 尊重他人的隐私

在国际交往中，人们普遍讲究尊重个人隐私，并且将是否尊重个人隐私看作是一个人有没有修养、能不能尊重和体谅交往对象的重要标志之一。

在交往中，大致有以下八类话题是不便涉及的。

收入

一个人的收入，人们普遍认为与其个人能力和社会地位有很大关系。个人收入的多少是外国人非常看重的隐私，十分忌讳他人直接或间接地打听。

年龄

在许多国家，年龄都被看作是个人的“重要机密”，特别是女性，最不希望外人了解自己的实际年龄。

婚姻历史

随便打听别人的恋爱历史，不仅不能使场面活跃，还会令人非常尴尬。在某些国家，跟异性探讨这些问题，严重的会被控告为“性骚扰”，从而吃官司。

个人健康状况

在国外，人们都很反感其他人对自己健康状况过多的关注。因此，在与外国人交往时，不要谈到身体状况，身高、体重也不宜打听。

家庭住址

私人住所向来被视为私人生活领地，非常忌讳他人无端打扰。因此，家庭住址、住宅电话号码等都属于个人隐私，不会轻易示人，最好不要随便打听。

个人经历

与外国人交往时，过多打听其个人经历是很不礼貌的行为，给人感觉像在查户口。所以，对方的个人生活经历不要随意打听。

信仰政见

国际交往中，由于所处国的政治体系、社会制度和意识形态存在差异，如果在交谈中，过多地涉及此类问题，很容易引起摩擦，影响双方友谊。明智的做法是在涉外交往中对宗教信仰、政治见解避而不谈。

最近在做什么

在外国人看来，有关个人的饮食起居、运动娱乐、工作交友等自己生活中的事，与他人无关。比如“在哪里发财”“最近在忙什么”“从哪儿回来”等问题，外国人很可能不回答。他们认为这些属于个人私事，没必要告诉别人。如果过多打听，会让他们觉得你好奇心太重，要不就是别有用心。

国际交往中的礼仪细节

◎ 不要用手指指着他人，这种做法无论在哪个国家都是很不礼貌的行为。

◎ 不要抚摸小孩子的头。在西方国家，人们不喜欢被人摸头或脸颊，但是可以亲吻。如果觉得这个小孩很可爱，在其脸蛋上亲吻一下，他会很高兴。但是切记不可抚摸他的头。

◎ 不要拍对方肩膀。如果是亲密朋友，可以互相拥抱。

◎ 身体碰撞时要道歉。不管是谁先碰到谁，双方都必须道歉。

◎ 公共场所切忌脱鞋露袜。在欧美和亚洲许多国家，在他人面前脱鞋，是相当没教养的表现。在长途飞行的飞机内，可以穿拖鞋。

◎ 旅行途中，即使走累了，也不要随意地蹲在热闹的街头。

鸣谢

封面造型：北京百立人教育咨询有限公司 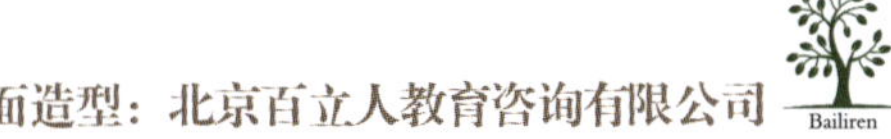

封面化妆：任　立

摄　　影：贾云龙 马玉鸣 张维平 夏　利

模　　特：黄丽静雯 杨亦红 欧阳云飞 南振华 马　涛

化妆造型：马玉珂 肖梦馨

摄影统筹：任　煜 刘晓琴 马玉珂

摄影助理：梁春燕 熊　政 马　涛

图片处理：张维平 何小波

插图绘制：倪　娜

图片提供：东方 IC

服装提供：恺撒（中国）股份有限公司成都分部

BEST FASHION SHOP 菲灵

Bally Max Mara Calvin Klein Dior

场地提供：宜家家居（成都商场）北京新东方广场等

中青时尚

全方位做女人
晓梅说美颜

穿出你的影响力
晓梅说高端商务形象
（女士篇）

穿出你的影响力
晓梅说高端商务形象
（男士篇）

全方位做女人
晓梅说塑身

晓梅说商务礼仪

晓梅说礼仪
（典藏版）

穿出你的品位

戴出你的格调

美好阅读

微信号
meihaoyuedu

有一条裙子叫天鹅湖

亲爱的，你要更美好

成就最美好的自己
黑玛亚身心灵美丽策划书

让我发现你的美
黑玛亚形象设计手记

我的衣橱经典
高端形象顾问的穿衣智慧

每个女人都有一颗爱美之心，追求美丽，是女人的天性。

美丽，也从来不是一件肤浅的事。

美丽，是一种人生态度，是一种生活方式，你怎样对待自己的容颜和身体，你也会怎样对待你的生活。无论处在人生的哪个阶段，女人都要对自己的容颜、身材、气质和心灵的丰盛负责。

中青时尚系列，专为追求美好品质的中国女性创立，我们力求选择一流的作者、一流的原创内容，题材涉及身、心、灵各个方面：美颜塑身，形象装扮，仪表礼仪，魅力修养，心灵成长等，以期通过这些美好的书，帮助女性朋友多方面、多层次完善成长。

我们也希望，这个系列，不仅仅停留在技术和知识层面，而是通过阅读，帮助女性朋友不仅懂得怎样去做，更能明白为什么要这样做；不仅掌握具体的扮美方法，还有助于塑造属于女人的世界观——身心灵内外兼修，做最美好的自己。

来吧，让我们一起开启这美好的阅读之旅！

中青时尚策划人　李凌

图书在版编目（CIP）数据

晓梅说礼仪（典藏版）/ 张晓梅著 .—北京：中国青年出版社，2014.6
（张晓梅美育系列）
ISBN 978-7-5153-2466-1

Ⅰ. ①晓… Ⅱ. ①张… Ⅲ. ①礼仪—基本知识 Ⅳ. ①K891.26

中国版本图书馆 CIP 数据核字（2014）第 109362 号

晓梅说礼仪（典藏版）

著　　者：张晓梅
责任编辑：李　凌
整体设计：门乃婷工作室
出版发行：中国青年出版社
（北京东四 12 条 21 号 邮编 100708）
网　　址：www.cyp.com.cn
编辑部电话：010-57350520
门市部电话：010-57350370
承 印 者：北京顺诚彩色印刷有限公司
经　　销：新华书店
开　　本：710mm × 1000mm 1/16　　**印　张**：14　　**字　数**：200 千字
版　　次：2014 年 8 月北京第 1 版　　**印　次**：2014 年 8 月北京第 1 次印刷
定　　价：39.00 元